KB253595

성공하는 조정의 10가지 핵심 요소

성공하는 조정의 10가지 핵심 요소

저자 원 창 희

　조정(調停, mediation)이라는 단어가 우리 사회에 사용되기 시작한 시기는 1953년 노동위원회법의 제정으로 조정위원회 기능이 부여된 행정적 조정의 시작이었다. 이후 1961년 민사조정법의 제정으로 법원 내 조정위원회를 두어 자율적 합의를 유도한 사법적 조정이 시작된 점도 언급할 만하다.

　조정의 취지가 당시에도 유사하나 조정의 기술이 도입된 시기는 훨씬 더 후인 1990년대 말-2000년대 초로 보인다. 조정의 현대적 기술은 미국의 ADR(대안적 분쟁해결)에 토대를 두고 있다. 필자는 1999년 노동위원회의 공익위원을 대상으로 한 미국 FMCS(연방조정알선청)의 조정기법 교육에 통역관으로 참여하였고 2003년 미국 시애틀에서 실시한 FMCS "작업장 분쟁 조정기법" 연수에 참여함으로써 미국식 조정 기술을 접하게 되었다.

　이로부터 필자는 한국에서 조정의 발전과 전파에 많은 노력을 기울였다. 2005년『노동분쟁의 조정: 이론과 실제』(법문사)를 발간하였고 서울지방노동위원회와 경기지방노동위원회에서 공익위원을 역임하였으며 가정법원과 중앙지방법원에서 조정위원으로 지금도 활동하고 있다. 2017년에 한국갈등조정가협회 회장을 역임하였고 2019년에는 제9차 APMF(아시아태평양조정포럼) 컨퍼런스를 준비위원장으로서 15개국의 회원들을 유치하여 성공적으로 개최하였다. 이 컨퍼런스에서 필자는 FMCS의 리처드 지아콜론(Richard Giacolone) 청장으로부터 한미 간 조정교류 공로로 FMCS 명예조정관(Honorary Commissioner)으로 임명되었다.

　최근 한국에서 ADR에 대한 관심과 적용이 크게 증가하고 있다. ADR

중에서 가장 핵심은 조정이다. 법원 뿐 아니라 각 행정부처에서도 분쟁을 해결하는 조정기구가 대부분 도입되고 있어서 조정 보급의 괄목할만한 성장은 매우 고무적이다. 그럼에도 불구하고 하나 아쉬운 부분은 조정인의 위촉 상 자격에 조정 전문성이 결여되어 있다는 점이다. 관련법과 규정이 그렇게 제정되어 있다는 점은 국회, 정부 및 법원이 조정을 수행하는데 조정의 전문성이 필요하다는 인식에 미치지 못했음을 보여주고 있다.

조정의 전문성을 강화하기 위한 요소는 무엇일까? 이 문제를 다각도로 고민하면서 이 책을 집필하게 되었다. 갈등관리와 ADR 이해를 기본으로 하여 조정의 원리, 절차, 기법, 난국 타개, 합의서 작성, 윤리, 제도를 설명하고 사례를 제공하여 전문성 개발에 돕고자 하였다. 이러한 내용이 조정인 역량 강화와 조정인 위촉 자격 수립에도 기여할 수 있기를 바란다.

이 책을 기획하는데 큰 도움을 주시고 추천서를 영어로 작성해주신 미국 FMCS의 전직 조정관인 잰 선우(Jan Sunoo) 선생님께 진심으로 감사를 드린다. 또한 책의 품격을 높이는 서평을 기꺼이 써 주신 제9대 고용노동부 이정식 장관님, 한국여성변호사회 왕미양 회장님, 성균관대학교 법학전문대학원 이영진 석좌교수님, 아주대학교 경영학과 박호환 명예교수님, 한국방송통신대학교 행정학과 이선우 명예교수님, 한국갈등관리조정연구소 문용갑 대표님께 심심한 사의를 표한다. 한국협상경영원의 출판위원회 최숙님과 조윤근님, 조정연구팀 장동혁님과 임정숙님, 그리고 한국협상가그룹의 임원진 및 회원님들의 성원에 깊은 감사를 드린다.

우리나라 분쟁 조정제도와 조정 전문성의 큰 발전을 기원하며 독자들의 고귀한 의견을 항상 환영한다.

2025년 6월 1일
저자 원창희 씀

원창희 박사는 한국 최초의 조정 개척자로서 지난 25년 넘게 조정 기술과 그 응용을 교육하고 보급하는 데 활발히 활동해 왔습니다. 그는 1999년, 미국 연방조정알선청(Federal Mediation and Conciliation Service)과 함께 한국 노동위원회 초기 조정인 훈련과정을 공동으로 교육하였고, 이후 노동, 상업, 가족, 학교, 결혼 등 조정 전 영역에 걸쳐 실무 능력과 경험을 개발하는 전국 협상조정 단체를 조직해왔습니다. 2019년에는 제주 국제컨벤션센터에서 개최된 제9회 아시아태평양조정포럼(APMF) 회의에서 원 박사는 한국 최초의 개최를 총괄하는 컨퍼런스 준비위원장으로서 15개국의 국제 조정 전문가들을 한국으로 유치했습니다.

따라서 원 박사가 오늘날 한국 조정 분야를 촉진시키기 위한 핵심 과제로, 활동 중인 조정인들의 기술 훈련 강화에 초점을 맞추어야 한다고 이 책에서 정확히 지적한 것은 놀라운 일이 아닙니다.

한국의 강한 유교적 가치 체계로 인해, 현재 조정인은 실제 조정 역량보다 학력이나 직책 중심으로 선발되는 경우가 많습니다. 현재 조정인은 특정 분야(예를 들어 비즈니스, 학계, 산업)에 대한 전문 지식을 이유로 선발되지만, 정작 조정 절차의 기술과 과학에 대한 이해는 전혀 없는 경우가 있습니다. 이럴 경우, 해당 전문가는 분쟁의 내용에 대해 참고할 만한 자원이 될 수는 있으나, 갈등 해결에 필요한 접근 방식에 대해서는 전혀 감을 잡지 못할 수 있습니다. 예를 들어, 간호사 노조와 병원 간의 노동 계약 분쟁 해결을 위해 선임된 조정인이 의료 전문지식을 가진 서울대학교 의과대학 교수일 수는 있겠지만, 좌절된 노동조합과 스트레스가 쌓인 병원 행정 사이에서 복잡하고 감정이 격한 갈등을 해결할 훈련이나 전문성을 갖추지 못한 경우가 많습니다.

이러한 상황에서 조정인에게 요구되는 기술은 다음과 같습니다. 적극적 경청, 공동 회의와 개별 회의를 유연하게 운영할 수 있는 능력, 양측 모두의 확신과 신뢰를 빠르게 얻는 능력, 양측의 근본적인 이해관계와 동기를 이끌어내는 전술과 기술, 그리고 양측이 욕구에 부합하고 상호 만족할 수 있는 해결책을 찾도록 능숙하게 유도하는 역량입니다. 이러한 역량 중 일부는 상식처럼 들릴 수 있지만, 효과적인 조정인은 이를 의식적으로 실제 업무에 적용하며, 갈등을 해결하도록 이끄는 과학적인 순서를 충분히 이해하고 있어야 합니다.

그러나 불행하게도 한국에서는 조정인을 선발할 때 여전히 이러한 실질적인 조정 역량보다는 해당 주제에 대한 지식이나 직책이 더 중요하게 평가되고 있는 것이 현실입니다.

원 박사의 이번 신간은 이러한 현실적 문제를 정확히 짚어내고, 유능한 조정인이 갖추어야 할 10가지 핵심 요소와 역량을 제시합니다. 이 책이 갈등해결 역량 중심의 조정인 선발 방향으로 한 걸음 더 나아감으로써 한국의 조정 분야가 더욱 효율적으로 되도록 기여하기를 기대합니다.

2025년 5월 26일
잰 선우(Jan Jungmin Sunoo)
미국 연방조정알선청(FMCS) 조정관(전)
태국 출라롱콘(Chulalongkorn)대학 로타리평화센터 겸임교수

Recommendation for
"10 Essential Elements for Successful Mediation"
by Chang Hee Won

Dr. Chang Hee Won, the first and foremost mediation pioneer in Korea has been actively teaching and promoting mediation skills and applications in Korea for over 25 years. He co-trained the initial class of mediators for the National Labor Relations Board with the Federal Mediation and Conciliation Service in 1999 and has since organized national mediation and negotiation organizations in Korea that have developed skills and experience in all areas of mediation such as labor, commercial, family, school, marriage, etc. In 2019, Dr. Won served as the Conference Coordinator for Korea's first hosting of the 9th APMF (Asian Pacific Mediation Forum) meeting in Jeju's International Convention Center, drawing international mediators from 15 countries.

It is therefore not surprising that he has correctly identified today's key link to promoting mediation in Korea as the need to focus on better training of skills for active mediators in his most recent book.

Due to Korea's strong Confucian value system, mediators are currently often selected for their posts based on their academic background or professional titles, rather than on their actual trained mediation skills. Presently, a mediator may be selected because of subject knowledge in a particular area (e.g. business, academia, industry) but may have absolutely no knowledge about the art and science of the mediation process itself. Therefore, such an expert may be valuable as a resource person about the dispute content, but have no idea how to approach the resolution of the conflict at hand. For instance, a mediator chosen to resolve a labor contract dispute between a nurse union and a hospital may be a professor of medicine at Seoul National University who has vast knowledge about the medical profession, but no training or expertise in resolving complex and heated conflicts between frustrated union members and stressed out hospital administration.

The skill set needed for such a mediator should involve active listening, facility with joint and separate meetings, the ability to quickly gain confidence and trust of BOTH parties, tact and skill in drawing out the underlying interests and motivation of both parties and the ability to skillfully lead the parties to finding mutually satisfactory resolution to their needs. Although some of these competencies may appear to be common sense, the most effective mediators are mindful of actively applying them in their work and knowledgeable about the scientific sequence of how to lead the parties to resolve their conflict.

Unfortunately, more emphasis is placed on subject content knowledge and titles rather than on real mediation competencies when mediators are selected for posts and assignments in Korea.

This newest work by Dr. Chang Hee Won directly addresses this current practice by revealing ten elements and competencies essential to competent mediators. Hopefully, this book will help the mediation field in Korea become more efficient by moving it in the direction of mediator selection based on conflict resolution competencies.

May 26, 2025

Jan Jungmin Sunoo

Commissioner, US Federal Mediation and Conciliation Service(retired)

Adjunct Faculty, Rotary Peace Center, Chulalongkorn University

▎차례 ▎

서문_ v
추천사_ vii
Recommendation_ ix

제1부 조정의 배경 지식 1

제1장 갈등관리의 이해 3
제2장 대안적 분쟁해결(ADR)의 이해 22

제2부 조정의 기초 역량 43

제3장 조정의 개념과 원리 45
제4장 조정의 유형과 절차 60
제5장 조정의 기초 스킬 79

제3부 조정의 전문 역량 91

제6장 조정의 핵심 기법 93
제7장 조정의 장애와 난국 타개 111
제8장 합의서 작성, 종료 및 사후 관리 123

제4부 조정의 윤리와 제도 133

제9장 조정인의 행동 윤리와 자격 135
제10장 한국과 미국의 조정제도 비교 151

부록 1. 조정 역량 자가진단 185
부록 2. 조정인 모범행동표준(전문 번역) 189

주석_ 199
참고문헌_ 205
찾아보기_210

❚표 차례❚

표 1.1 갈등해결 체계와 주체에 의한 갈등해결 방법 ····················· 10
표 1.2 갈등 예방 스킬과 제도 ·· 20
표 2.1 ADR 방법의 유형분류 ··· 26
표 2.2 ADR 방법이 의뢰인의 목표를 충족시키는 정도 ·············· 32
표 2.3 ADR 방법이 해결 장애요인을 극복할 가능성 ················· 32
표 2.4 법원 조정 담당 기관 ·· 38
표 2.5 한국의 ADR 기구 ··· 39
표 3.1 조정의 세 가지 원리 ·· 55
표 4.1 평가식, 촉진식, 변형식 조정의 비교 ····························· 66
표 4.2 유형별 조정 절차 ··· 72
표 7.1 전략적 장애의 극복 ·· 113
표 7.2 심리적 장애의 극복 ·· 114
표 7.3 인지적 장애의 극복 ·· 116
표 7.4 문화적 장애의 극복 ·· 118
표 7.5 구조적 장애의 극복 ·· 119
표 10.1 조정 기관별 민사조정건수와 성공률(2014.1~9) ············ 156
표 10.2 법원 민사 조정담당판사 및 조정위원회 조정(2023, 2024) ···· 157
표 10.3 지방법원 민사 조정담당판사 및 조정위원회 조정(2014~2024) 158

❚그림 차례❚

그림 1.1 갈등해결의 고통스러운 체계에서 효과적인 체계로 이행 ····· 9
그림 1.2 토마스-킬만의 갈등관리유형 ······································· 14
그림 4.1 평가식-촉진식 조정의 관계모형 ································· 65
그림 5.1 적극적 듣기 4단계 ··· 82
그림 10.1 조기조정 절차와 담당 조정기관 ································ 155
그림 10.3 재판상 이혼 절차 ··· 160
그림 10.4 조정 이혼 절차 ··· 161

▌ 사례 차례 ▌

사례 1.1 자재구매 갈등해결유형 사례 ·································· 17
사례 2.1 광고용 사진 무단 사용에 대한 손해배상청구 조정사례 39
사례 3.2 고용분쟁 조정 사례 ·· 58
사례 4.1 차용금지급 분쟁 평가식 조정 사례 ······················· 67
사례 4.2 댄스공연 분쟁 조정 사례 ···································· 75
사례 5.1 그라운드 룰 실습 사례 ······································ 81
사례 5.2 잘못된 듣기의 사례 ·· 84
사례 5.3 적극적 듣기 사례 ·· 89
사례 5.4 브레인스토밍의 기본규칙 ··································· 90
사례 5.5 브레인스토밍 실습사례 ······································ 90
사례 6.1 조정인 개시발언 사례 ······································· 95
사례 7.1 이혼 분쟁 조정 사례: 심리적 장애 ······················ 115
사례 7.2 작업장 분쟁 조정 사례: 인지적 장애 ···················· 117
사례 8.1 윌슨과 디로렌조의 합의서 ································· 126
사례 8.2 의료원 조정 합의서 ··· 129
사례 8.3 산재피해보상 조정 합의서 ································· 132
사례 9.1 플로리다 조정인 직업행동표준 ···························· 142
사례 9.2 과거 조정인의 부적격 대리인 사례 ······················ 149
사례 10.1 가사조정 사례 ··· 161
사례 10.2 공정거래 분쟁조정 사례 ·································· 165
사례 10.3 미국의 사적 조정 사례 ··································· 176

제1부 조정의 배경 지식

제1장 갈등관리의 이해

　조정을 이해하기 전에 먼저 갈등관리를 이해하는 것이 필요하다. 갈등이 어떻게 발생해서 해결되는지의 전반적인 이해는 갈등해결에 제3자 개입으로 도입되는 조정을 이해하는데 도움이 된다. 이 장에서는 갈등의 이해, 갈등해결의 접근방법, 갈등해결의 체계와 주체, 그리고 갈등의 예방 순서로 살펴보고자 한다.

1. 갈등의 이해

　갈등(葛藤, conflict)은 우리가 살아가면서 인간관계에서 발생하는 가장 흔한 현상 중 하나일 것이다. 무릇 모든 소설이나 드라마 또는 영화에서 갈등이 반드시 발생하는 필수적인 현상이다. 뿐만 아니라 가족관계, 친구관계, 직장생활, 사회생활 등 주위의 일상생활에서 갈등이 항상 발생하고 소멸되는 과정을 쉽게 경험한다. 학술적으로 갈등을 학습하지 않더라도 누구든지 갈등을 경험하고 해결하므로 특별한 것이 아닐 수 있다. 그러나 갈등을 보다 정확하게 이해하고 관리방법을 알게 되면 효과적으로 인간관계를 유지하고 개선할 수 있다.

　갈등을 설명하는 서양적 방법과 동양적 방법은 조금 차이가 있다. 영어로 갈등이 conflict인데 이 단어는 라틴어로 콘피게레(configere)에서 어원을 찾을 수 있다. 이것은 함께 라는 의미의 콘(con)과 충돌이나 다툼을 의미하는 피게레(figere)가 합쳐진 합성어로 서로 충돌한다는 뜻을 가지고 있다. 한편 갈등의 한자표기는 갈등(葛藤)인데 여기서 갈(葛)은 칡을 말하고 등(藤)은 등나무를 말하기 때문에 갈등의 한자적 의미로는 칡과 등나무가 얽히듯 까다롭게 뒤엉켜 있는 상태를 나타내고 있다. 그래서 어원적으로 볼 때 서양에서는 갈등이 전투나 투쟁으로 서로 충돌하는 현상을 의미하는데 반해 동양에서는 갈등이 일이나 인간관계가 까다롭게 뒤얽혀 풀기 어려운 상태를 의미한다.

학자들도 갈등을 보는 시각에 따라 조금씩 차이를 보이고 있다. 개인의 내면적 심리상태를 강조하면서 Boulding(1965)은 갈등이란 '당사자들이 잠재적 미래 입장의 불일치를 인식하고 각자가 다른 사람의 소원과 불일치되는 입장을 점유하려고 소원하는 경쟁 상태'로 정의하고 있다(p.5). 한편 Hocker & Wilmot(1995)는 행위적 상태를 강조하여 '목표달성에 있어서 상대방으로부터 양립할 수 없는 목표, 희소한 보상 및 방해를 인식하는 상호의존적인 적어도 두 당사자 사이의 표출된 투쟁'으로 정의하고 있다(p.21). Kovac(2000)은 경제적 관점에서 '희소한 자원으로 양립할 수 없는 목표를 추구함으로써 발생하는 투쟁 상태'를 갈등으로 봄으로써 갈등이 자원의 제약에서 발생함을 강조하기도 한다. McCorkle and Reese(2010)는 개인 간 갈등(interpersonal conflict)을 '목표달성의 인지된 방해로 발생하는 상호의존적인 두 사람간의 투쟁'이라고 정의하고 있다(p.7). 여기서 인지된 방해(perceived interference)는 무엇이 이루어지지 못하도록 저지하는 행위를 인식하게 되었다는 것을 의미한다. 당사자가 그러한 방해를 인지했다는 것 자체가 중요하다. 투쟁은 우연한 의견차이가 아니라 성과에 대한 감정적, 관계적 개입을 의미한다. 따라서 외부적 갈등의 경우 목표가 같든 다르든, 자원이 희소하든 아니하든, 분명한 것은 두 당사자 사이에 원하는 바가 서로 달라서 투쟁 상태에 있는 것이 바로 갈등이라고 볼 수 있다.

2. 갈등해결의 접근방법

　대개 갈등이라는 단어를 생각하면 부정적인 것들이 연상되는 경향이 있다. 예를 들면 두려움, 걱정, 불안, 스트레스, 성가심, 귀찮음, 긴장, 다툼, 문제, 와해 등의 단어들이 연상되곤 한다. 그래서 갈등은 편안함이나 안정보다 불편함이나 불안정이라는 느낌을 주는 현상이기 때문에 그것에 대해 마음이 끌리기보다 그것을 멀리하고자 하는 심리가 자연스럽게 생겨난다. 마치 길가에 핀 아름다운 개나리나 코스모스를 보면 감탄하며 다가가 만져보려고 하는 반면에 시골길을 가다가 소가 버린 배설물이나 뱀을 보면 깜짝 놀라 피하고 멀리하려는 것과 같다. 그래서 갈등을 만났을 때 순간적으로 그 불편함 때문에 갈등을 피하려는 마음이 생기는 것이 사람들의 일반적인 심리이다.

　이렇게 갈등이 불편해서 원초적으로 내면에서 갈등을 피하려고 하는 마음이 생길 수 있다. 그 내면적 마음이 외형적으로 갈등을 피하는 행동으로 나타나는 경우는 바로 갈등 대처의 원초적 유형인 회피(avoidance)라고 한다. 갈등을 해결하지 않아도 별 상관이 없고 사소하거나, 어떻게 해야 할지 현재로서는 잘 알 수가 없거나, 갈등이 깊고 심각하여 선뜻 대처하기가 어려워 대처할 방법을 찾을 때까지 그대로 두는 경우 등 다양한 상황에서 이러한 회피라는 태도를 취하게 된다. 현실적으로는 수없이 많이 발생하는 크고 작은 갈등을 맞이해서 모두를 해결할 수 없거나, 하려고 노력하지 않아 회피라는 방법이 생각보다 많이 존재한다. 예를 들어 가정에서 청소나 설거지에 대해 가족들 간에 약간의 갈등이 있다 해도 번번이 해결하고 넘어갈 수 없는 경우가 많고, 직장에서 업무처리 방식에서 의견 차이나 태도에서 불손으로 불쾌함으로 갈등이 발생한다고 해도 모두 문제를 제기하여 다 해결할 수는 없다. 갈등을 해결하려고 상대방과 따지며 자신의 의견을 주장할수록 오히려 문제를 더 키우고 관계를 더 악화시킬 수가 있기 때문에 그냥 덮어두고 넘어가는 것이 현명할 수도 있다. 따라서 회피도 갈등을 대처하는 의미 있는 방법이 될 수 있기 때문에 소극적 방법이라고 경시할 필요는 없다.

갈등을 적극적으로 대처하는 방법은 세 가지가 있다. 즉, 힘(power), 권리(rights), 이해관계(interests)에 의해 해결하는 방법이 있다(Ury, Brett & Goldberg, 2015). 우선 인류 역사상 가장 오래되고 전통적인 힘(power)에 의한 해결이다. 힘에 의한 해결은 동물의 세계에서 볼 수 있는 가장 확실한 갈등해결 방법이라 할 수 있다. 인간에서도 갈등이 발생했을 때 가장 빠르고 직접적이며 확실한 방법은 힘에 의한 해결이다. 사실 동물의 세계와 마찬가지로 힘으로 지배하는 모든 조직에서는 힘이야말로 갈등해결의 가장 중요한 수단이 될 것이 분명하다. 원시사회이든 현대사회이든 국가, 사회, 조직의 통치는 힘을 근간으로 하기 때문에 형태를 달리하지만 힘에 의한 갈등해결이 매우 쉽게 관찰된다.

힘의 종류는 매우 다양하다. 신체적인 힘은 상대를 제압할 수 있는 파괴력으로 모든 근육과 골격의 강인함에서 발생할 수 있으며 격투기나 무예에서 흔히 그 강약을 관찰해볼 수 있다. 인간의 전쟁사에서 볼 수 있듯이 도구를 사용할 수 있는 힘, 다시 말하자면 칼이나 총의 위력은 신체적인 힘보다 훨씬 중요한 힘의 수단이 되었다. 인간이 소유하고 있는 재물도 힘의 원천으로서 결코 중요성이 떨어지지 않는다. 재력은 물건을 살 수 있는 힘이 있고 사람을 고용할 수 있는 힘도 있다. 그래서 재력 앞에 사람들이 복종하는 것은 그것이 힘의 원천으로서 상대방을 제압할 수 있는 힘을 가지고 있기 때문이다. 모든 기업은 사원을 채용하고 일정한 역할과 직책을 부여한다. 높은 직위의 상급자는 낮은 직위의 하급자를 관리통솔하게 되는데 당연히 상급자가 힘의 우위를 가지고 있어서 상하 간 갈등이 발생하면 상급자는 힘에 의해 하급자를 제압하기 마련이다. 이 때 갈등을 해결하는 힘은 바로 재력에서 나온 것이 분명하다. 이 힘은 상급자 자신의 재력이 아니라 상급자를 채용하고 임명한 경영자 또는 오너의 재력에서 나오는 것이다.

힘의 원천으로서 현대적 의미에서 가장 중요한 것은 아마도 권력일 것이다. 대통령, 국회의원, 장관, 판사, 도지사, 시장 등 소위 권력이 있는 사람들의 힘은 무엇이며 어디에서 나오는가. 대통령, 국회의원, 지자체장 같은 선출직인 경우 국민이나 해당 지역 주민들의 지지 여론이 투표를 통해 권력을 부여하는 것이다. 장관이나 공무원, 그리고 공공부문에 종사하는 임직원들은 대통령이나 장관 또는 해당 조직의 인사권자가 임명하고 채용하는 사람들이기 때문에 직접적으로는 임명권자로부터 힘이 나오지만 보다 원천적으로는 국민과 주민의 주권으로부터 힘이 나온다고 볼 수 있다. 묘하게도 권력은 그 근본 원천이 국민과 주민에서 나옴에도 불구하고 일단 선출이나 임명되고 나면 그 직위가 직접적인 힘의 원천으로서 훨씬 더 중요하게 되는 속성을 지니고 있다. 어찌 되었든 권력은 현대사회에서 힘을 행사하는 가장 중요한 원천의 하나로서 자리매김하고 있음은 분명하다.

갈등을 해결하는 두 번째 방법은 권리(rights)이다. 역사적으로 볼 때 신체나 무기와 같은 무력에 의해 사회를 지배하는 원시사회로부터 신권이나 왕권에 의해 사회를 지배하는 중세시대로 넘어오면서 왕의 칙령, 교회의 교리, 재판정의 법전이 구축, 강화되면서 국가와 사회조직이 수립한 법과 규율이 모든 행위의 정당성을 재단하는 도구가 되었다. 그래서 사회에서 어떤 갈등이 발생했을 때 이를 해결하는 방법으로서 법률적으로 누가 적법한 행위를 하였는지, 누가 정당한 사람인지를 가려주는 것이 사회질서유지에 매우 중요한 방법으로서 자리 잡고 있다. 말하자면 갈등이 발생했을 때 누구에게 합법적 권리가 있는지를 판정해주는 것이 권리에 의한 갈등해결 방법이 된다. 권리의 원천은 헌법과 법률이며 법률에 따라 행정적으로 내리는 결정과 해석도 권리의 2차적 원천이 될 수 있다.

갈등을 해결하는 세 번째 방법은 이해관계(interests)이다. 힘에 의한 해결은 신체나 재력이나 권력으로 상대방을 제압해서 갈등을 해결하고, 권리에 의한 해결은 국가사회의 질서를 위해 제정해둔 법률이나 규칙에 따라 판정함으로써 갈등을 해결하는데 반해, 이해관계에 의한 해결은 당사자들의 이해관계에 따라 서로 합의해서 갈등을 해결하는 것을 말한다. 이해관계에 의한 해결은 힘으로써 상대를 제압해서도 안 되고 권리가 누구에게 있는지 따지지도 않으며 오로지 당사자들이 대화하고 협의해서 해결방안에 합의하는 것이다. 이해관계에 기초한 협상(interest-based negotiation)은 문제해결 협상(problem solving negotiation) 또는 협력적 협상(cooperative negotiation)이라고도 한다. 조정에 적용될 때는 이해관계에 기초한 조정(interest-based mediation) 이라고 표현하기도 한다.

갈등해결의 접근방법으로서 세 가지인 힘, 권리, 또는 이해관계에 의한 해결 중 어느 것을 선택하거나 먼저 해 보아야 하는가. 갈등을 만났을 때 피하려고 하다가 안 되면 힘으로 해결해보려고 생각해볼 수 있다. 힘으로도 해결하기 어렵다고 판단될 때는 법적인 권리를 따져보고 법률의 심판을 받아보려고 한다. 소송으로 문제를 해결하다가 승패를 가리기보다 서로 화해로 해결하려고 한다면 결국 합의에 의한 해결로 마무리된다. 이렇게 힘에 의한 해결 -> 권리에 의한 해결 -> 합의에 의한 해결의 순서로 갈등을 해결한다면 매우 힘들고 시간도 많이 걸리며 겪어야 할 스트레스도 이만저만 아니다. 보다 효과적인 갈등해결 순서는 그 반대인 합의에 의한 해결 -> 권리에 의한 해결 -> 힘에 의한 해결의 순서이다. 가장 먼저 갈등 당사자들이 서로 대화와 협의를 통해 합의를 이끌어내어 보도록 노력하고 그것이 안 될 경우 법적 권리가 누구에게 있는지를 따져 보고 그것도 어려우면 힘으로 해결하는 것을 생각해볼 수 있다. 그래서 강압적인 해결보다 인간의 의사를 존중하는 해결이 개인적으로나 회적으로 바람직한 해결이 될 수 있다.

위에서 설명한 갈등해결의 3가지 접근방법을 그림으로 표시하면 **그림 1**과 같다. Uri, Brett and Goldberg(2015)는 힘>권리>합의의 순서로 갈등을 해결하면 고통스러운(distressed) 순서가 되며 그 반대인 합의>권리>힘의 순서로 갈등을 해결하면 효과적인(effective) 순서가 된다고 한다. 여기에 회피는 포함하지 않고 있다. 회피가 갈등을 해결하지 않고 그대로 두는 선택이기 때문에 해결의 방법에는 제외한 것으로 보인다.

그림 1.1 갈등해결의 고통스러운 체계에서 효과적인 체계로 이행

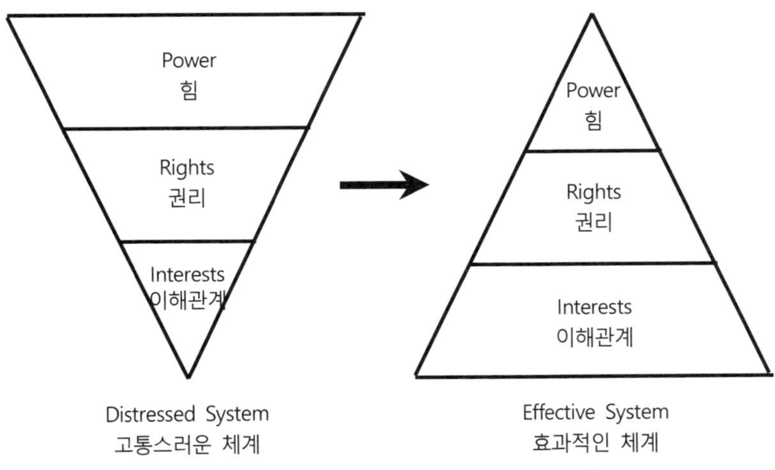

출처: Uri, Brett and Goldberg(2015)

3. 갈등해결의 체계와 주체

갈등이 해결되는 방식은 **그림** 1.1에서 보는 힘, 권리, 이해관계에 기초해서 해결됨을 알 수 있다. 해결되지 않고 그대로 두는 경우 회피(avoidance)의 선택지는 있지만 해결 방법으로는 여기서 고려하지 않는다. 갈등이 해결되는 방법을 제3자의 개입 여부에 의해 분류하면 자율적 해결과 제3자에 의한 해결로 구분할 수 있다. 앞의 갈등해결 체계를 자율적 해결과 제3자 해결로 구분하여 구현되는 형태를 구체화해보면 **표** 1.1과 같다.

표 1.1 갈등해결 체계와 주체에 의한 갈등해결 방법

갈등해결 주체 / 갈등해결 체계	자율적 해결	제3자 해결
힘	공격, 힘에 기초한 협상 (경쟁적 협상)	힘에 기초한 개입 (강압)
권리	권리에 기초한 협상 (경쟁적 협상)	권리에 기초한 개입 (판결)
이해관계	이해관계에 기초한 협상 (협력적 협상)	이해관계에 기초한 개입 (조정)

우선 갈등해결 체계가 자율적으로 해결되는 형태는 협상이다. 다만 힘에 의한 해결은 힘에 기초한 협상(power-based negotiation) 이외에도 공격에 의해 강압적으로 해결되는 경우도 포함하고 있다. 권리와 이해관계에 기초한 자율적 해결도 마찬가지로 권리에 기초한 협상(rights-based negotiation)과 이해관계에 기초한 협상(interest-based negotiation)으로 각각 표기할 수 있다.[1]

갈등을 해결하는 기본적인 두 가지 접근방법이 경쟁적이냐 협력적이냐
에 따라 경쟁적 협상(competitive negotiation)과 협력적 협상
(cooperative negotiation)으로 구분할 수 있다.2) 그래서 힘에 기초한
협상과 권리에 기초한 협상은 경쟁적 협상의 유형에 해당하고 이해관계
에 기초한 협상은 협력적 협상에 해당한다. 힘에 의해서든 권리에 의해서
든 상대를 이기고자 하는 협상이라면 경쟁적 협상이 된다. 반면 이해관계
에 의한 협상은 자신과 상대방의 이해관계를 충족시키는 방법으로 진행
되므로 협력적 협상이 된다.

권리에 기초한 자율적 해결은 어떤 모양일까? 말하자면 누가 합법적이
고 누가 정당한가를 가리는 해결방식이다. 권리는 법률이나 계약에 명시
되어 있기도 하고 상호성, 전례, 평등, 연공서열 등 사회적 행동규범을
따르기도 한다. 누가 합법적 권리를 가질지 합의에 이르기가 매우 어려운
경우가 많아 제3자가 정당한 당사자를 가려주는 제3자 개입이 흔히 요청
되고 있다.3)

이제 갈등해결 체계를 제3자 해결 방식으로 살펴보자. **표 1.1**에서 보면
힘, 권리, 이해관계의 제3자 해결 방식을 힘에 기초한 개입
(power-based intervention), 권리에 기초한 개입(rights-based
intervention), 이해관계에 기초한 개입(interests-based intervention)
으로 구분하고 있다.4) 힘에 기초한 개입은 힘이 있는 제3자를 동원하는
것을 말한다. 이길 수 있는 힘이 없다면 자신을 위해 싸워줄 어떤 사람을
찾아서 요청하게 된다. 그 제3자는 상대방보다 더 크거나, 강하거나, 스마
트하거나, 부유하거나, 연줄이 좋은 사람을 말한다.

권리에 기초한 개입은 법원의 판결(adjudication)을 이용하는 것으로
쉽게 이해할 수 있다. 제3자 개입으로서 법적 절차는 누구에게 법적 권리
가 있는지 판결해 준다. 권리에 의해 해결하는 방식은 당사자의 자율적

해결보다 법적 기관인 제3자 해결이 일반적이다.

　이해관계에 기초한 개입은 자신과 상대방의 욕구나 이해관계를 충족시키는 방법으로 제3자가 해결하는 방식이다. 이는 힘이나 권리에 기초한 개입이 상대방의 욕구를 희생하여 자신의 욕구를 충족하거나 권리를 보호하는 방식과는 다르다. 양측에게 중요한 공통의 기준에 따라 갈등을 해결하도록 한다. 이 때 이해관계에 기초한 개입의 전형적인 방식은 조정(mediation)이다. 그래서 조정인은 양 당사자의 이해관계를 파악하고 충족하는 방법으로 합의를 이끌어낸다.

4. 갈등관리의 유형과 전략

　갈등상황에 직면했을 때 사람들은 이를 대응하는 행동유형은 매우 다양한 것으로 알려져 있다. 여기서 갈등상황이라고 하면 두 사람의 관심이 양립할 수 없는 상태를 말한다. 그런데 이러한 행동유형을 식별하는데 중요한 잣대가 되는 두 가지의 축이 있음을 발견하였다. 바로 자신의 관심 충족과 상대방의 관심 충족이 그것이다. Thomas와 Kilmann은 자신의 관심을 충족시키기 위해 노력하는 정도를 독단성(assertiveness)이라는 용어로 표현하였고 상대방의 관심을 충족시키기 위해 노력하는 정도를 협력성(cooperativeness)이라는 용어로 표현하였다.[5] 이 두 가지의 기본적 차원은 갈등을 다루는 5 가지의 방법을 도출하는데 사용되고 있다.

　토마스-킬만의 5가지의 갈등관리유형(conflict management modes)이란 회피형(avoiding), 경쟁형(competing), 수용형(accomodating), 타협형(compromising), 협력형(collaborating)을 말한다.

회피형(avoiding): 비독단적+비협력적인 반응으로서 아무에게도 관심을 가지지 않고 갈등이 사라질 것으로 기대하면서 갈등을 피하려 행동이다. 쟁점을 연기하거나 의도적으로 우회하거나 위협적 상황으로부터 한 발 물러서 있는 행동을 말한다.

경쟁형(competing): 독단적+비협력적인 반응으로서 상대방 목표달성을 희생으로 자신의 목표를 달성하려는 행동이다. 이는 자신의 입장을 확보하기 위해 적절한 어떤 힘(power)이라도 사용하려는 힘 중심의 방식(power-oriented mode)이라 할 수 있다. 여기서 힘이란 능력, 지위, 경제력, 무력 등 어떤 것도 될 수 있다.

수용형(accomodating): 비독단적+협력적인 반응으로서 상대방을 즐겁게 해주기 위해 자신의 관심은 무시하고 양보하는 행동이다. 여기에는 자기희생적 요소가 있다. 자비, 관대, 타인의 명령에 복종, 타인의 관점에 굴복하는 형태로 나타날 수 있다.

타협형(compromising): 중간정도의 독단적+협력적인 반응으로서 두 사람의 관심을 부분적으로 충족시키는 상호 수용가능한 해결을 찾는 행동이다. 이는 경쟁형과 수용형의 중간에 위치하는 유형으로서 마치 파이를 중간에서 반 자르듯이 취하는 행동과 같다. 회피형보다는 쟁점을 다루고자 하지만 협력형보다는 깊이 개발하려고 하지 않는다.

협력형(collaborating): 독단적+협력적인 반응으로서 모두의 관심을 충족시키는 해결방안을 찾기 위해 상대방과 협력하는 행동이다. 두 사람의 기본 관심을 식별해 내고 모두의 관심을 충족시키는 대안을 찾아내기 위해 쟁점을 깊이 탐구하여 윈윈(win-win) 해법을 모색하는 행동이기도 하다. 협력형은 다른 사람의 관점으로부터 배우기 위해 의견 차이를 탐구하거나, 경쟁할 수밖에 없는 조건을 해소하거나, 개인 간 문제에 대한 창조적 해결방안을 찾는 형태로 나타날 수 있다.

그림 1.2 토마스-킬만의 갈등관리유형

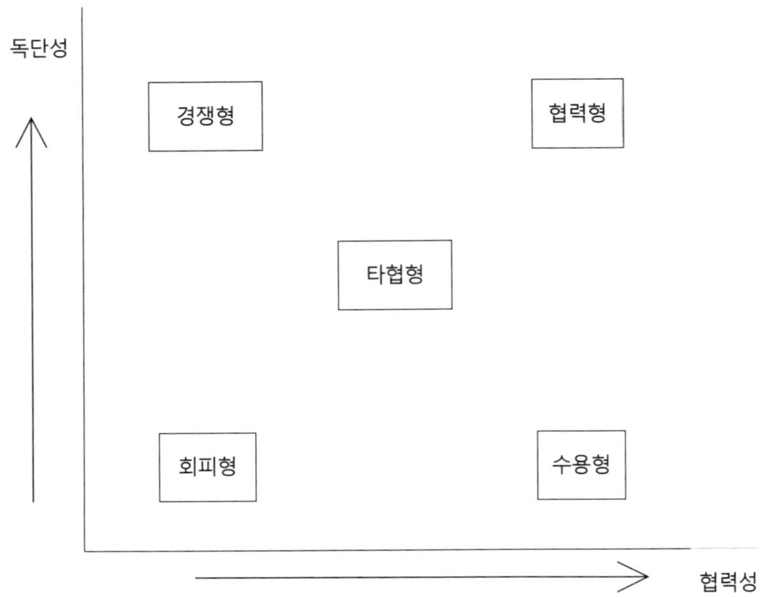

앞에서 갈등관리유형의 5가지 유형을 그림으로 나타내면 **그림 1.2**와 같다. 종축은 독단성을 측정하는 축이며 횡축은 협력성을 측정하는 축이다. 종축과 횡축은 각각 원점으로부터 위로 갈수록, 오른쪽으로 갈수록 그 정도가 커지는 것을 보여준다. 가장 원점에 가까이 있는 유형이 회피형이고 종축에 가까이 상단에 위치한 유형이 경쟁형이며 횡축에 가까이 우측에 위치한 유형이 수용형이다. 경쟁형과 수용형의 중간지점에 위치한 유형은 타협형으로 독단성과 협력성을 반반 정도 내포하고 있다. 타협형을 넘어서 원점으로부터 가장 멀리 있으면서 독단성과 협력성을 모두 상당히 내포하고 있는 유형이 협력형이다. 협력형은 독단적인 동시에 협력적이기 때문에 두 사람의 관심을 모두 충족시키려고 노력하므로 상생 또는 원원의 해결전략이라 할 수 있다.

이렇게 사람마다 갈등을 처리하는 유형에서 차이가 있고 다 다른 특성을 가지고 있지만 어떤 상황에서는 자신의 강점인 유형에 집착하지 않고 다른 유형을 사용해야 효과적인 경우도 있다. 그래서 갈등관리유형 5가지는 어떤 것이 우열에 있다고 할 수는 없고 상황에 따라 효과성이 잘 발휘될 수 있는 유형을 전략적으로 선택할 수 있다.[6]

① 경쟁형이 효과적인 상황
-긴급상황 등 신속한 결정이 필요할 때
-비용절감, 인기 없는 규칙이나 규율을 강제하는 등 중요한 쟁점이지만 인기 없는 행동을 실행해야 할 때
-회사복지에 중요한 쟁점이지만 당신이 옳다는 것을 알고 있을 때
-당신을 이용하려는 사람들로부터 자신을 보호하려고 할 때

② 협력형이 효과적인 상황
-두 사람 관심사항이 타협하기엔 너무 중요해서 통합적 해결을 찾으려 할 때
-당신의 가정을 시험하거나 다른 사람의 관점을 이해하는 등 목적이 학습일 때
-어떤 문제에 대한 다른 관점을 가진 사람들의 통찰력을 통합할 때
-다른 사람의 관심을 합의결정에 통합하여 약속을 얻으려 할 때,
-개인관계를 방해해온 껄끄러운 감정으로 일해야 할 때

③ 타협형이 효과적인 상황
-목표는 어느 정도 중요하지만 독단적 유형을 취할 만한 가치가 없거나 그런 유형이 와해될 수도 있을 때

-노사간 단체교섭과 같이 힘이 동등한 두 당사자들이 상호배타적 목표를 강하게 집착할 때
-복잡한 쟁점을 일시적으로 해결하려고 할 때
-시간제약 하에 편의적으로 해결하려고 할 때
-협력이나 경쟁형이 실패할 때 예비모형으로 필요할 때

④ 회피형이 효과적인 상황
-쟁점이 사소하거나 다른 중요한 쟁점이 급할 때
-힘이 없거나 바꾸기 어려운 상황에 직면하여 자신의 관심을 충족할 기회가 없을 때
-갈등을 직면하는 손실이 그 해결의 이익보다 클 때
-긴장을 완하여 평정심을 회복하도록 열기를 식혀야 할 때
-더 많은 정보를 얻는 것이 직접 결정으로 얻는 이익보다 클 때
-다름 사람들이 갈등을 더 효과적으로 풀 수 있을 때
-쟁점이 또 다른 기본 쟁점과 접하거나 전조가 되어 보일 때

⑤ 수용형이 효과적인 상황
-당신이 틀렸다고 깨달았을 때, 더 나은 입장을 들어보고 자신이 합리적이라는 것을 보여주기 위해서
-쟁점이 자기보다 다른 사람에게 훨씬 더 중요할 때, 협력적 관계를 유지하려고 선의의 제스처를 취하기 위해서
-당신에게 중요한 차후 쟁점을 위해 사회적 신용을 구축하기 위해서
-계속되는 경쟁이 당신의 주장을 손상시켜 당신이 패하게 될 때
-분열을 피하고 화합을 유지하는 것이 매우 중요할 때
-부하로 하여금 실수를 허용하고 학습함으로써 그들의 관리적 역량개발을 지원하기 위해서

　갈등을 잘 해결하기 위해서 자신의 관심에만 매몰되어서는 절대 아니되며 상대방의 관심을 충족하려고 노력해야 한다. 상대방을 어느 정도 배려하느냐에 따라 잘 해결되느냐가 달려 있는데 횡축으로 갈수록 해결 가능성을 높일 수 있다. 회피형에서 수용형으로 갈수록, 경쟁형에서 협력형으로 갈수록 해결가능성이 더 높아질 것이다. 여기서 횡축의 단위인 상대방의 관심충족 노력은 상대방과의 관계성으로 대체할 수도 있다. 상대방과 관계가 중요할수록 자신의 관심보다는 상대방의 관심을 더 충족시키려 노력하게 된다. 상대방과의 관계를 중시한다면 자신의 이익만 충족시키려 하지 않고 상대방이 원하는 것을 충족시키려 할 것이다. 예를 들어 부모와 자식이 음식점을 선택하는 것과 같이 사소한 갈등이면 부모가 양보해서 자식이 원하는 음식점으로 갈 때 수용형 해결인데 바로 자신과의 관계가 중요하기 때문에 수용형을 쉽게 선택하는 것이다. 재산상속에서 형과 아우가 더 많이 차지하려고 다툼을 하는 상황에서 형이 아우에게 더 많은 지분을 주도록 결정한다면 아우와의 관계가 매우 중요하기 때문이다. 그래서 상대방과의 관계가 중요하다고 판단될 때에는 회피형과 경쟁형으로부터 수용형, 타협형, 협력형으로 바꾸어나가는 전략이 필요하다.

사례 1.1 자재구매 갈등해결유형 사례

S병원에서 외과의 전문의로 일하는 K박사는 10년 동안 일하면서 골절과 외상에 대한 수많은 수술을 집도하면서 권위 있는 전문의사로 정평이 나 있다. 그 명성을 듣고 최근 환자들이 몰려들어 입원실이 부족할 지경이고 수술에 꼭 필요한 몰핀, 주사바늘, 수술가위 등 재료와 의료기구가 부족하여 자재과에 열흘 전에 주문해 놓았지만 입고가 아직 되지 않아 두 차례나 독촉을 한 상태이다. 자재과를 책임지고 있는 L과장은 난감해 하고 있다. 자재창고에 다른 약품과 의료기구들로 가득차서 공간이 충분하지 못할 뿐 아니라 각 부서별로 자재의 주문이 들어온 순서대로 처리하도록 규정되어 있기 때문에 K박사의 구매주문 보다 빠른 주문이 아직도 5가지가 있다. L과장이 월요일 총무부회의를

마치고 왼쪽에서 병원로비로 걸어 나오는데 사람들이 붐벼서 식별하기 쉽지는 않은데
오른쪽 복도 끝에서 K박사가 오고 있는 것 같았다.

1. 상황1- 회피형
병원로비로 걸어 나오던 L과장은 멈칫하며 순간 어쩌나 하다가 오른쪽 복도로 가지 않고
K박사를 피해서 북쪽 다른 복도를 이용하여 돌아서 자재과로 갔다.

2. 상황2-경쟁형
K박사가 L과장을 보더니 언제부터 직접 만나 따져서 물어보려고 했는데 잘 되었다며
로비로 걸어나와 재빨리 L과장을 막아서서는 자재주문이 어떻게 되었냐며 다그쳐
물었다. L과장은 병원의 내부규정대로 주문건수를 해결하고 있으나 그 전에 주문들어온
걸 처리하느라 아직 구매할 수 없다고 했다. K박사는 화를 내면서 수술환자가 대기하고
있는데 당장 주문서를 처리하라고 소리지르며 안될 경우 원장에게 보고하여 자재과장을
문책하도록 하겠다고 협박하였다. L과장은 병원의 규정을 무시하면서 수술용 의료자재를
먼저 구매해 줄 수가 없으니 원장에게 보고를 하든지 말든지 마음대로 하라고 반박했다.

3. 상황3-양보형
L과장은 K박사가 성격이 불같고 자기를 귀찮게 하는 사람을 수단과 방법을 가리지 않고
응징하는 조폭 같은 위인이라고 생각하면서 이번 외과자재주문을 규정을 위반해서라도
내일 당장 처리해주겠으니 하루만 기다려달라고 K박사를 달랬다.

4. 상황4-타협형
K박사가 난리법석을 떨며 L과장을 협박까지 하였지만 L과장도 호락호락하게 수용하지
않고 규정을 어기면서까지 구매해줄 수 없다는 입장을 견지한다. 30분간 두 사람이
옥신각신 하다가 K박사는 다른 건 다 양보할테니 몰핀만 내일까지 좀 구매해달라고
부탁하고 L과장은 규정을 어길 수는 없지만 몰핀만은 규정위반이지만 직권으로 구매해
주겠다고 마지못해 응답했다.

5. 상황5-협력형
K박사의 다급한 부탁을 받고 L과장은 환자들에게 불편을 주지 않고 수술 받을 수 있도록
하는 것이 병원이미지와 발전에 매우 중요하다는 인식을 공감하였다. 그래서 L과장은
M총무부장과 상의한 결과 외과의 긴급상황을 원장에게 보고하여 재가를 받아서
처리해보자는 답변을 받았다. 그래서 K박사는 수술환자 대기 상태와 자재부족의 실태를
자세히 작성해서 근거자료로 첨부하여 그것을 토대로 비상자재주문의 문서를 작성하여
결재를 받게 되었다. 비록 이틀이 걸렸지만 외과 K박사와 자재과 L과장이 모두 만족하는
윈윈 결과를 얻을 수 있었다."

출처: 원창희(2012), 83-85.

5. 갈등의 예방

보통 갈등은 발생하고 난 다음 어떻게 반응할 것인가, 어떻게 해결할 것인가, 어떤 비용부담이 있는가 등을 고민하기 시작한다. 작은 갈등은 별로 신경을 쓰지 않고 살아가도 별 문제가 없으나 큰 갈등이 발생했다면 심각해지기 시작하고 그 비용부담에 대한 우려가 생긴다.

갈등을 해결하기 위해 많은 비용을 부담하거나 잘못 관리하여 악화되면 막대한 손해를 입을 수도 있기 때문에 갈등을 사전에 예방하는 것은 매우 중요하다. 예방의 중요성은 갈등으로 발생할 비용이 얼마나 되는지를 봄으로써 가늠해볼 수 있다. 때때로 해결되지 못한 갈등은 매우 큰 비용을 유발시킨다.

조직에서 갈등이 유발하는 비용에는 직접비용과 간접비용이 있다.[7] 직접비용으로는 소송에 필요한 법률수수료나 조직에 대한 절도나 사보타지 같은 갈등의 부산물로 조직이나 특정 근로자에 대해 발생하는 직접 비용이 있다. 그리고 심리적 비용으로서 근로자들이 경험하는 스트레스의 양은 갈등을 어떻게 생각하느냐에 따라 달라진다. 갈등의 간접비용은 숨겨진 비용(hidden cost)으로 표현되기도 하는데 분쟁 중에 있는 근로자를 관리하거나 팀 갈등을 관리하는 데에 투입한 시간을 말한다. 이는 스트레스 때문에 발생하는 결근, 전직(생산성 감소 비용 뿐 아니라 해직, 부가급여, 채용, 훈련, 개발의 비용을 포함), 고충처리, 소송처리 등을 관리하는 데 발생하는 관리비용이다. 조직으로 보아서는 갈등의 직접비용보다 간접비용이 더 중요할 수 있다.

조직 내 근로자, 고객, 파트너 및 주주들 사이에 예견되는 갈등은 종종 의사소통의 부족, 이기심, 성격장애, 희소자원으로부터 발생하지만 이와 더불어 부적절한 예방이나 스킬로 인한 취약한 해결체계나 갈등을 해결하기 위해 당국이나 법원에 쉽게 의존하려는 방침 때문에도 발생한다.[8] 갈등이 만족스럽게 해결되지 못하면 항상 법원에서 소송으로 해결하는 길이 있다. 대부분의 작업장에서 협상이 실패하면 당사자들은 마지막 절차로서가 아니라 그 다음 단계로서 소송을 제기하는 경향이 있다.

갈등을 예방함으로써 갈등비용을 줄일 뿐 아니라 당사자들 간의 관계를 유지, 개선할 수 있고 조직의 경우에는 생산성도 향상시킬 수 있다. 원창희(2012)는 여러 가지 사례분석을 통해 개인 간 및 조직 내 갈등을 예방하는 방법을 제시하였다.[9]

표 1.2 갈등 예방 스킬과 제도

예방 스킬과 제도	개인 간 갈등 예방	조직 내 갈등 예방
가치관	신뢰, 존중, 화목	신뢰, 존중, 자발성, 직원만족
의사소통	대화, 청취	대화채널(열린 광장, 현장방문)
정보공유	하루 일과나 근황의 말해주기와 들어주기	조찬간담회, I-BANK
고충처리		전문상담원 고충처리
경영참여		경영혁신활동 소모임

주: 원창희(2012), 139의 갈등 예방 방법을 정리하고 재구성하여 표로 작성하였다. 갈등해결 항목 대신 고충처리로 수정하고 정보공유에서 근황이 추가되었다.

표 1.2는 갈등 예방 스킬과 제도가 개인 간 갈등(개인 갈등이라 표현)과 조직 내 갈등(조직 갈등이라 표현)의 예방에 어떤 형태로 적용되는지를 보여주고 있다. 가치관, 의사소통, 정보공유는 개인 갈등과 조직 갈등에 공통으로 적용되고 고충처리와 경영참여는 조직 갈등에만 적용된다. 먼저 가치관으로서 신뢰와 존중은 개인이든 조직이든 갈등 예방에 필요한 덕목이고 화목은 개인 갈등, 자발성과 직원만족은 조직 갈등에 요구되는 덕목이다. 의사소통으로서 대화와 청취는 개인 갈등 예방에 중요한 요소

이고 조직 갈등 예방에서는 보다 구체적 형태인 열린 광장, 현장방문 등 대화채널이 필요한 요소라고 예시되어 있다.

같은 표에서 조직에 보다 더 적합한 제도로서 정보공유, 고충처리, 경영참여가 갈등 예방의 요소로서 제시되어 있다. 정보공유는 개인 갈등에서 하루 일과나 근황을 말해주고 들어주는 방법으로 구체화되었고 조직 갈등에서 조찬간담회나 I-BANK[10]라는 제도로 예시되었다. 고충처리와 경영참여는 조직 갈등에서만 발견되는 갈등 예방 제도이다. 고충처리로서 전문상담원 고충처리는 사내에서 고충이나 불만이 발생하면 전문상담원을 통해 해결될 수 있도록 제도이다. 경영참여는 회사마다 다양한 형태로 실시되고 있으나 여기서는 경영혁신활동 소모임이라는 형태로 예시되어 있다.

요컨대 갈등은 발생했을 때 효과적으로 해결하는 방법이 중요하나 사전에 갈등을 예방할 수 있다면 개인적으로나 조직에서나 갈등비용을 줄일 수 있고 당사자 간 관계와 구성원 간 문화도 잘 유지할 수 있기 때문에 갈등 예방을 실천할 필요가 있다.

제2장 대안적 분쟁해결(ADR)의 이해

　분쟁은 갈등과 거의 동일하게 사용하는 경우도 있지만 구분된다. 제1장에서 요약된 갈등의 개념은 두 당사자 사이에 원하는 바가 서로 달라서 투쟁 상태에 있는 것을 말한다. 이에 반해 분쟁(紛爭, dispute)은 한 당사자가 다른 당사자에게 어떤 요구를 하지만 완전히 또는 부분적으로 거절되는 청구권(claim)을 말한다.[11] 갈등이 당사자 간 정신적, 물질적 투쟁 상태를 말한다면 분쟁은 법률적, 경제사회적 투쟁 상태를 말한다. 갈등이 법정으로 가져가게 되면 분쟁으로 볼 수 있다.[12] 이 장에서는 분쟁이 소송으로 가기 전에 해결되는 대안적 분쟁해결이라는 다양한 형태의 방법을 다룰 것이다.

1. 대안적 분쟁해결(ADR)의 역사적 배경

　갈등과 분쟁에 관심을 가지는 연구자나 실무자라면 ADR을 익숙히 들어본 단어일 정도로 ADR은 세계적으로 유행하는 용어이다. 우선 ADR은 Alternative Dispute Resolution이라는 영어의 약자로서 우리나라에서는 대안적 분쟁해결, 대체분쟁해결, 소송외 분쟁해결 등 여러 가지로 해석되고 있다. 여기서는 발음과 의미상 대안적 분쟁해결이라는 번역어를 사용하고자 한다.

　원래 대안적 분쟁해결은 법원 소송이 막대한 비용과 시간 소요의 단점을 해소하고자 재판이나 소송에 대한 대안으로서 분쟁해결방법을 의미한다.13) 노동분쟁에 있어서 대안적 분쟁해결은 파업의 대안으로서 사용되기도 한다. 그래서 법원안보다 법원 밖에서 더 많이 활용되고 있다. 대안적 분쟁해결에 법조인 뿐 아니라 비법조인도 참여하게 되고 그 방법도 법률적 측면이 강한 경우도 있지만 그렇지 않은 경우도 있어서 매우 다양한 형태로 발전되어 왔다.

미국의 창립자들은 시민들끼리의 고충과 정부와의 고충을 해결하도록 법원을 설립하고 판사를 임명하여 재판을 받을 수 있도록 했다. 재판은 승자독식(winner-take-all)이라 재판장 앞에서 자신의 주장이 우월하다는 주장을 더 설득력 있게 하기 위해 때때로 엄청난 비용을 지불하기도 한다. 재판적 해결이 있음에도 불구하고 미국 사법제도는 법원 밖에서 법원 결정이 아닌 분쟁해결을 허용하고 있다.14) 18-19세기에 인구가 폭발적으로 증가하면서 시간과 비용이 막대한 적대적 소송에 대한 비판이 일어나기 시작하였다. 예를 들어 아브라함 링컨 대통령은 유능한 변호사였지만 법대 학생에게 이렇게 연설하였다.

"소송을 억제하세요. 할 수 있는 한 이웃을 설득하여 타협하세요. 명목상 승자가 어떻게 종종 실질적인 패자가 될 수 있는지를 알려주세요."15)

미국 사법체계의 우려에도 불구하고 ADR은 1960년대 이전에는 주로 노사분쟁 해결에 사용되었고 그 이후 법조계와 대중들에게 광범위하게 대중화되기 시작하였다. ADR 발전 초기에 기여한 단체로서 미국중재협회(American Arbitration Association, AAA)가 언급되어야 한다. AAA는 1926년에 설립되어 가장 오래되고 규모가 큰 ADR기구이다.

AAA는 1960년대 말에 포드재단에서 기금을 지원한 시범적 조정프로젝트를 추진하였다. 이 프로젝트는 조정을 사용해서 사회적 긴장을 해소하려는 시도였다. 1970년대 초 AAA는 필라델피아와 로체스타에 분쟁해결센터(Dispute Resolution Center)를 설립하여 지방법원으로부터 의뢰받은 사건을 조정으로 해결하였다. 1971년 미국 법무성의 지원으로 오하이오주 콜럼버스의 검사사무실인 법집행지원행정국(LEAA)이 시민의 분쟁조정프로그램을 도입하였다.[16] 이것은 처음으로 시행된 법원연계형 분쟁해결프로그램이었다. 법대학생을 조정인으로 활용하여 사소한 범죄를 포함한 분쟁을 해결하는데 도와주도록 하였다. 1975년에는 뉴욕시에 조정갈등해결연구소가 설립되어 동부 연안에 조정프로그램 발전에 기여하였다. 이러한 프로그램들은 법체계와 공동체에 조정을 도입하였으나 파운드 컨퍼런스 이전에 이들 조정프로그램의 체계적 개발을 이루어내지 못했다.

현대적 ADR 운동은 1976년 개최된 미국변호사협회의 Pound Conference에서 하버드 법대 Sanders 교수에 의해 개념적으로 정립되기 시작하였다.[17] 소송의 비용 증대와 사건 증가가 소송의 대안들을 모색하는데 촉진하게 되었다는 것을 대체로 인정하고 있다. 최근 ADR운동이 대중화되는 이유로서 4가지를 들고 있다.[18]

첫째, 사회 각 계층의 분쟁 당사자들은 분쟁을 해결하기 위해 신속하고, 간단하고, 비밀스럽고, 저렴한 방법을 모색하고 있다.

둘째, 법조계는 법원서비스를 보다 복잡한 상거래분쟁을 위해 사용하고 소비자불만이나 가족문제와 같이 간단한 문제에 대한 다른 적절한 방법을 모색하게 되었다.

셋째, 사회시민운동가들은 소송의 비용과 지연을 감당할 수 없는 사회적 약자들에게도 정의가 적용될 수 있기를 원하고 있다.

넷째, 분쟁당사자들의 기본적 욕구에 초점을 맞춘 고도의 분쟁해결기법을 개발하고, 당사들에게 위임하여 서로의 차이점을 해결하고, 보다 더 만족스러운 결과를 얻으려는 광범위한 요구가 있다.

소송으로 갈 수 있는 법적 근거가 없으면 그 문제를 무시하고 지나는 경우가 많다. 한 설문조사에서 응답자의 1/3이 법적 해결이 별 도움 되지 않거나 너무 비용이 많이 든다고 응답하였다.[19) 소작과 지주와의 분쟁해결에서와 같이 어떤 경우에는 불법이지만 일방적 해결로 끝나는 경우가 있는데 종종 폭력을 동반하기도 한다. 소송으로 가지 않고 조직 내에서 비공식적으로나 행정적으로 분쟁을 해결하려는 경우도 있다. 대학의 소청위원회나 기업의 고충위원회나 국가의 권익위원회 같은 기구가 내부 분쟁을 해결하려는 내부 분쟁해결 절차를 마련하고 있는데 법원은 이들 방법을 사용한 후에 소송으로 진행할 것을 요구하는 경우가 많다.

조직의 내적 분쟁해결기구들이 중립성 문제에서 단점이 있기도 하지만 여전히 소송으로 바로 가기를 싫어하는 사람들이 ADR을 선택하게 된다. 그래서 최종적으로는 법원 소송으로 가도록 하지만 먼저 ADR을 활용하고자 하는 그룹들이 늘어나고 있다. 말하자면 다음에서 보듯이 법적 절차의 한 부분으로 ADR이 자리매김하고 있는 것이다.[20)

- 분쟁당사자의 일방이 이미 법적 행동에 돌입해 있거나 그렇게 하겠다고 위협하는 상황에 있기 때문에 그 대안으로 ADR을 찾고 있다.

- 소송이나 다른 행동이 진행되고 있는 경우에 법원이나 행정당국은 ADR을 거치도록 요구하는 경우도 있다.

- 비법적인 ADR로 진행하는 분쟁도 그 합의사항은 결국 법원에 의해 계약을 강제하도록 하고 있다.

- 미국 연방정부, 주정부, 지방정부의 대부분은 다양한 분쟁해결에서 ADR을 사용하도록 법제화하고 있다. 이러한 경향은 세계의 많은 나라에서 나타나고 있으며 확대되고 있다. 더 나아가서 많은 나라에서는 이러한 ADR 사용과 절차, 자격, 훈련 등을 규제하고 합의를 이행하도록 법제화하고 있다.

2. ADR의 종류

ADR은 앞에서 언급한 바와 같이 매우 다양한 형태로 시행되고 있다. **표 2.1**에서 보는 것처럼 크게 3가지 유형으로 분류할 수 있다. 첫 번째 유형은 사적 당사자 결정인데 협상, 조정, 알선, 소재판, 옴부즈 등의 방법이 이에 속한다. 협상은 완전 당사자 결정이고 나머지는 당사자들이 결정하되 제3자는 도움만 주는 형태이다. 둘째 유형인 자문적 결정은 온건해결회의, 조기중립평가, 약식배심재판의 방법을 포함하고 있다. 이 유형은 제3자 평가와 자문을 받아서 결정을 하는 것이다. 셋째 유형은 사적 제3자 결정으로서 중재, 사적재판, 사실조사의 방법을 포함하고 있다. 제1유형에서 제3유형으로 갈수록 제3자가 결정하는 정도가 강해지고 당사자들이 결정하는 정도가 약해지는 구도를 볼 수 있다.

표 2.1 ADR 방법의 유형분류

ADR 유형	ADR 방법	
1) 당사자 결정 (제3자 지원)	- 협상(negotiation)	완전 당사자 결정
	- 조정(mediation) - 알선(conciliation) - 소재판(mini-trial) - 옴부즈(Ombuds)	제3자 지원 당사자 결정
2) 자문적 결정 (제3자 평가)	- 온건해결회의(moderated settlement conference: MSC) - 조기중립평가(early neutral evaluation: ENE) - 약식배심재판(summary jury trial: SJT)	
3) 제3자 결정	- 중재(arbitration) - 사적재판(private judging: PJ) - 사실조사(fact finding: FF)	

출처: Patterson and Seabolt(2001), 10-12; Kovac(2000), 6-16; Frey(2003), 11-24.

각 유형에 나오는 방법들을 간단하게 설명하면 다음과 같다.[21]

1) 당사자 결정

[완전 당사자 결정]

① 협상(negotiation)

둘 이상의 당사자들이 토론과 교섭을 통해 분쟁을 해결하기 위해 시도하는 비공식적 과정이다. 외부의 중립적인 제3자가 개입하지 않으며 당사자들이 결과를 통제한다. 협상이 결렬되면 소송이나 중재 같은 엄격한 방법을 선택할 수도 있다.

[제3자 지원 당사자 결정]

② 조정(mediation)

중립적 제3자가 촉진자로서 두 사람 이상의 당사자들 사이의 분쟁을 해결하도록 도와준다. 조정은 갈등해결의 가장 비적대적 접근방법이고 당사자들이 직접 소통하도록 권장하는 방식이다.

③ 알선(conciliation)

알선과 조정이 교차적으로 사용되고 있지만 알선은 ADR의 초창기에 사용된 용어로서 조정보다 비공식적이고 자유로운 구조이다. 그래서 조정은 비공식적이긴 하지만 알선보다는 어느 정도의 구조를 유지하고 있다. 알선은 분쟁당사자들이 화해하고 관계가 회복되는 것에 중점을 두는 데 반해 조정은 당사자들이 화해되지 않아도 해결될 수 있는 경우도 있다. 현대 ADR 운동이 있기 전에는 알선이 ADR과 동의어로 사용되기도 했다.[22]

④ 소재판(mini-trial)

재판과 같은 과정을 거치지만 매우 비밀리에 진행되며 당사자들이 분쟁 주제의 전문가를 조정인으로 고용해서 협상타결을 촉진하게 한다. 소재판은 매우 복잡하고 기술적인 쟁점을 포함하는 사건에 주로 활용된다. 반드시 양측은 의사결정권자가 참여해야 하고 조정인은 자문적 의견을 제안할 수도 있으나 최종적으로는 당사자들이 결정한다.[23]

⑤ 옴부즈(Ombuds)

옴부즈 프로그램은 고충을 조사하고 조사결과와 추천을 의사결정권자나 고용주에게 보고하는 중립적인 옴부즈를 활용하고 있다. 옴부즈 프로그램은 근로자 고충을 조사하는 대기업이나 기관에 의해 주로 사용되고 있다. 때로는 자치단체가 지역 사용자들에게 옴부즈를 제공하기도 한다.[24]

2) 자문적 결정(제3자 평가)

① 온건해결회의(moderated settlement conference, MSC)

온건해결회의는 동료평가(peer evaluation)의 일종으로서 세 명의 중립적 자문단(주로 변호사)이 양측 변호사의 사실과 법적 설명을 듣고 난 다음 질문을 하고 양측의 강점과 약점을 평가하는 자문적 의견을 제시한다. 온건해결회의는 소재판과 유사하나 중립적인 자문단을 사용하는 점이 다르다.[25]

② 조기중립평가(Early Neutral Evaluation, ENE)

조기중립평가는 온건해결회의와 유사하게 동료평가의 일종인데 법원에서 선정된 중립변호사가 양측이 법적 이론과 증거를 15분 동안 발표한 후 질문을 하고 장점과 단점을 평가해준다. 소송초기에 분쟁을 해결하기 위해 법원에서 만들어진 과정이다.[26]

③ 약식배심재판(Summary Jury Trial, SJT)

약식배심재판은 비밀리에 사적으로 진행되며 법원에서 재판을 받는다면 판사가 어떤 반응을 할 것인가를 사전에 알아보는 것이다. 양측 변호사들이 정규 배심원단에서 선정한 자문적 배심원(보통 6명 패널)에게 요약된 증거를 제시하고 평가를 받아 보는 소송초기단계 포럼이다. 판사가 종종 재판 전에 해결을 위한 최종 시도로서 이 방법을 사용하도록 요구한다. 재판이 시간과 금전이 많이 들기 때문에 요약된 형태로 재판을 받아보기 때문에 약식 배심 재판이라고 한다.[27]

3) 제3자 결정

① 중재(Arbitration)

중립적 한 사람 또는 세 사람의 패널이 중재인으로서 양측의 사건주장을 듣고 최종 결정(재정, award)을 내린다. 중재는 소송과 유사하지만 덜 공식적이고 과정상 규칙은 당사자들의 합의로 결정된다. 증인심문, 증거제출, 현장방문 등의 절차가 포함될 수도 있다. 중재는 분쟁이 금전적인 것이나 상거래인 경우에 주로 사용되는 경향이 있다. 또한 매우 복잡하거나 기술적인 분쟁에서 중재가 효과성이 높다. 일반적으로 중재라 함은 강제중재를 지칭하고 있다.[28]

② 사적 재판(Private Judging, PJ)

법원의 절차는 선호하지만 신속한 판결을 얻기 위해 퇴임판사를 고용하여 비공개적이고 사적으로 재판을 받아보는 것으로 퇴임판사프로그램(rent-a-judge program)이라고도 한다. 사적 재판은 캘리포니아에서 시작되었지만 다른 주에서는 민사사건이나 가족사건에서 사용할 수 있도록 하였다. 사적 재판이 많은 비용을 청구하고 있어 부유층에만 이용된다는 비판이 있다.[29]

③ 사실조사(Fact Finding, FF)

중립적인 제3자가 당사자들로부터 정보를 수집한 후 그 사실을 결정한다. 최종 해결을 위한 사전 조사로 활용되며 최종 결정이 그 조사결과에 종속될 수도 있고 아닐 수도 있다. 해당 문제의 최종 해결에 대한 추천이 사실조사 보고서에 포함될 수도 있다.[30]

3. ADR의 활용

1) ADR의 선택과 평가

어떤 ADR 방법을 선택할지에 대해 두 가지의 질문에 답을 찾아야 한다. 첫째, 의뢰인의 목표가 무엇인가? 어떤 분쟁해결과정이 이러한 목표를 가장 잘 달성할 수 있는가? 둘째, 의뢰인이 해결에 순응한다면 해결의 장애요인이 무엇이며, 어떤 ADR 과정이 이러한 장애요인을 가장 잘 극복할 수 있는가? 분쟁해결의 적합한 절차를 추천하는 법원 인사부서나 공공기관은 분쟁의 모든 당사자들의 목표를 고려해야 하지만 동시에 분쟁에 관련된 공공적 이익도 고려해야 한다. 분쟁 당사자들의 이해관계에 사적 해결로 충족되지만 분쟁의 공공이익은 공공의 심판에 달려 있다.

첫째 질문과 관련하여 ADR 전문가들의 의견조사에서 나타난 결과를 **표 2.2**에서 볼 수 있다. 의뢰인의 목표를 어떤 ADR 방법이 어느 정도 충족시키는가를 4점 척도로 조사하였다. 목표로는 비용최소화, 신속성, 비밀유지, 관계유지나 증진, 변호, 중립의견, 선례, 복구 극대화나 극소화로 항목을 정했고 ADR 방법으로는 조정, 소재판, 약식배심재판, 조기중립평가, 중재, 사적재판, 법원 등 주요 방법이 선정되었다. 특이한 사항은 조정이 비용최소화, 신속성, 비밀유지, 관계유지나 증진에서 가장 높은 점수를 받았으나 변호, 중립의견, 선례, 복구 극대화나 극소화에서는 가장 낮은 점수를 받았다. 법원재판은 그와 정 반대의 점수를 받은 것을 알 수 있다. 조기중립평가는 관계유지나 증진을 제외한 비용최소화, 신속성, 비밀유지의 목표를 잘 충족하는 것으로 평가되고 있다.

표 2.2 ADR 방법이 의뢰인의 목표를 충족시키는 정도

목표	비구속형				구속형	
	조정	소재판	약식배심 재판	조기중립 평가	중재, 사적재판	법원
비용최소화	3	2	2	3	1	0
신속성	3	2	2	3	1	0
비밀유지	3	3	2	3	1	0
관계유지나 증진	3	2	2	1	1	0
변호	0	1	1	1	2	3
중립의견	0	3	3	3	3	3
선례	0	0	0	0	2	3
복구극대화나 극소화	0	1	1	1	2	3

주: 0=목표를 별로 충족시키지 않음, 1=목표를 어느 정도 충족시킴, 2=목표를 실제로 충족시킴, 3=목표를 매우 잘 충족시킴.

출처: Kovac (2000), 18.

표 2.3 ADR 방법이 해결 장애요인을 극복할 가능성

장애요인	ADR 방법			
	조정	소재판	약식배심 재판	조기중립 평가
의사소통 부족	3	1	1	1
정서적 표현 부족	3	1	1	1
사실에 대한 다른 관점	2	2	2	2
법률에 대한 다른 관점	2	3	3	3
중요한 원칙	1	0	0	0
의뢰인의 대리인 압력	3	2	2	2
연계성	2	1	1	1
복수 당사자	2	1	1	1
변호사-의뢰인간 다른 이해관계	2	1	1	1
대박 증후군	0	1	1	1

주: 0=장애요인을 별로 극복하지 못함, 1=장애요인 극복에 가끔 유용함, 2=장애요인 극복에 종종 유용함, 3=장애요인 극복에 항상 유용함.

출처: Kovac (2000), 19.

장애요인은 **표 2.3**에서 보는 바와 같이 의사소통 부족, 정서적 표현 부족 등 10가지로 문항으로 되어 있다. 의사소통 부족, 정서적 표현 부족, 의뢰인의 대리인 압력을 극복하는데 거의 항상 유용한 ADR 방법은 바로 조정이라고 해석된다. 또한 중요한 원칙, 연계성, 복수 당사자, 변호사-의뢰인간 다른 이해관계의 장애요인을 극복하는 데에서도 조정은 소재판, 약식배심재판, 조기중립평가 등 다른 3가지 방법보다 상대적으로 낮다고 평가되고 있다. 다만 법률에 대한 다른 관점과 대박 증후군의 극복에 있어서는 다른 3가지 방법이 조정보다 더 유용한 것으로 나타났다. 따라서 조정은 장애요인을 극복하는데 있어서 가장 선호되는 방법으로 평가되고 있어서 조정을 제일 먼저 시도해보기를 권장하기도 한다. 이를 추정적 조정의 규칙(Rule of Presumptive Mediation)이라 하고 있다.[31] 일단 조정을 시도해보고 만약 성공을 하지 못한다면 법률적 관점에 더 가까워지는 평가적 방법을 권해볼 수 있다. 특히 양 당사자들이 ADR의 방법에 대해 합의하기 어려운 상태에 있을 때 이 추정적 조정의 규칙이 유용하다.

ADR에 대한 평가를 정확하게 내리기는 쉽지 않다. 학자들의 연구결과에 의하면 ADR이 이루어낸 성과와 혜택은 그 목표했던 바와 같이 상당한 것으로 평가되고 있다.[32]

① ADR은 분쟁을 해결하는 신속하고, 간단하고, 비밀을 보장하고, 저렴한 방법을 분명하게 제공해 주었다. 특히 ADR은 소송의 비용을 감당하기 어려운 중산층과 저소득층에게 큰 혜택을 주었다.

② ADR은 간단하고 평범한 분쟁을 대안적 방법으로 해결하고 법원은 더 복잡한 사건이나 선례가 필요한 사건을 다루도록 법원재원을 절감하였다.

③ ADR은 사회적 약자의 권리를 보호하는데 적합한 것으로 평가된다. 상호 이해관계에 초점을 맞추어 즉시 분쟁을 해결할 뿐 아니라 사람들에

게 미래갈등을 관리할 수 있다는 확신을 심어주고 있다.

④ ADR은 사람들이 상호 차이를 해결하고 각자 목표를 어느 정도 달성하도록 하는 옵션들을 고려하도록 권한을 위임하고 있다.

2) 미국의 ADR 활용실태

미국에서는 ADR이 법원의 하나의 절차로서 받아들여지고 있으며 크게 성장하고 있는 추세에 있다. ADR의 방법들이 점차 알려지기 시작하고 법원 뿐 아니라 일반 사회에서도 그 활용도가 확대되고 있다. 이렇게 ADR 활용이 확대되고 있는 핵심적인 이유는 비용, 시간, 정서적 에너지의 절감에 있다. 또한 비밀보장과 당사자 참여도 ADR 확대에 결코 간과될 수 없는 이유가 된다. ADR에서 분쟁해결 과정에 대한 당사자의 참여는 당사자들에게 전통적 법원절차에서는 찾아볼 수 없는 창조성과 편안함, 그리고 만족감을 주고 있어서 ADR의 성장과 확대에 기여하고 있다.[33)

흥미로운 현상은 ADR이 법원체계의 한 부분으로서 포함되어져야 하는지 아니면 별도로 분리되어져야 하는지에 대한 끊임없는 논쟁이 계속되고 있다는 것이다. 초창기에는 ADR이 법원으로부터 분리되어 실시되면서 실제로 '대안적(alternative)'이라는 의미를 가지고 있었는데 많은 변호사들이 ADR을 자신의 영역을 제한하는 장애가 아니라 그 혜택을 얻으려는 도구로서 인식하기 시작하였다. 그래서 원래 ADR이 법원절차의 대안으로서 발달했지만 법원 절차의 부분으로서 포함해야 한다는 논의가 확대되고 있다. 많은 법률에서 ADR관련 조항을 두고 있으며 ADR의 법제화가 더 확대될 것으로 보인다.[34)

현재 ADR 운동의 시작은 1976년 파운드컨퍼런스(Pound

Conference) 때부터이다. 이 컨퍼런스는 로스커 파운드(Roscoe Pound)학장의 학위논문인 "미국 사법제도에 대한 국민의 불만"(1906)의 70주년을 기념하기 위해 개최되었다.[35] 이 컨퍼런스에는 연방판사, 법원 행정관, 법학자들을 포함하고 있는데 이들은 미국에서 정의가 집행되는 방법에 대해 왜 사람들이 불만을 가지는지를 깊이 들여다보려고 했다. 여기서 내린 결론은 3개의 이웃사법센터(Neighborhood Justice Centers, NJC)를 설립하는 파일럿 프로젝트를 수행하는 것이다. 이 센터는 조정과정이 분쟁해결에 도움을 줄 수 있는지를 결정하기 위해 Kansas City, Los Angeles, Atlanta에 설립하기로 하였다. 여기에 들어가는 예산은 미국 법무부 법집행지원행정국으로부터 조달되었다.[36]

각 센터가 저렴하고 적기의 분쟁해결에 성공적이라는 것을 보고함에 따라 각 법원으로부터 많은 경미한 사건들이 이들 센터로 회부되었다. 당사자들의 만족도가 매우 높은 것으로 나타났다. 지금 미국 전역에 400여개의 센터가 설립되어 운영되고 있다. 사건이 사소하거나 이웃문제에만 국한하지 않고 조금씩 복잡한 문제로도 확대되기 시작하였고 센터의 이름도 분쟁해결센터(Dispute Resolution Center)로 변경되었다. 모든 주에 적어도 한 개의 분쟁해결센터가 있으며 많은 주들이 시스템적으로 광범위한 네트워크로 센터를 묶어서 운영하고 있다. 이러한 센터의 결과에 따라 많은 법원에서는 법원체계속에 ADR 사용을 발전시켰다.[37]

이와 유사하게 다중문(multi-door) 법원 제도를 도입한 곳들도 있다. 이는 파운드컨퍼런스에서 Frank Sander 교수가 제안한 개념으로서 분쟁을 해결할 적절한 방법을 개인이 선택하게 하는 개념이다.[38] 개인이 법원 건물에 가면 다양한 서비스를 받을 수 있다. 먼저 문제를 평가해주는 초기전문가의 인터뷰를 받아볼 수 있다. 그 다음 문제해결을 위해 가장 적절한 방문으로 안내된다. 이 문 뒤에서 조정, 중재, 소송, 사회서비스

등 많은 과정을 찾을 수 있다. 1980년대에는 미국변호사협회(ABA)의 분쟁해결위원회가 3개 도시, 즉, Tulsa, Houston, Washington D.C. 에 다중문 센터의 실험적 도입을 지원하였다. 다중문 센터의 도입으로 소송을 제기한 후에도 적합한 ADR 과정을 적용할 수 있게 되었다. 오늘날 많은 연방과 주법원에서는 ADR이 사전재판과정의 통합적 부분으로 자리매김하고 있다.[39]

법원이 갈등해결센터들을 주로 법원체계 내에서 활용하면서 ADR을 발전시키는 계기가 되었다. 이러한 경향을 설명하는 이유들이 몇 가지 있다.[40] 첫째, 많은 센터들은 법원건물 내에서나 인근에 위치하고 있기 때문이다. 둘째, 센터의 자원자로서 활동하는 많은 개인들이 판사나 변호사이기 때문이다. 셋째, 법원 건물에 다중문(multi-door) 개념이 파운드 컨퍼런스에서 Frank E.A. Sanders 교수에 의해 도입되어 활용되었기 때문이다. 이것은 사건 당사자가 조기 상담자에게 찾아가면 사건의 특성과 당사자의 욕구를 감안하여 가장 적절한 문제해결의 문으로 인도해주는 체계를 말한다. 당사자들에게 인도되는 문은 조정, 중재, 소송, 기타 사회 서비스 등이 있다.

이러한 다중문에 의한 분쟁의 해결은 많은 주로 확대되어 나갔지만 그 성과를 평가한 재판관들이 대부분 분쟁이 해결되지만 사건 진행의 매우 늦은 시점에 해결된다는 점을 지적하였다. 그래서 재판관들은 분쟁해결의 초기에 조정을 실시함으로써 신속하게 해결하도록 함으로써 당사자들로부터 더 큰 만족을 주게 되었다. 오늘날 대부분의 주법원과 연방법원에서는 ADR을 사전재판과정의 통합부분으로 채택하고 있다.

3) 한국의 ADR 활용실태

우리나라에서 ADR은 매우 제한적인 분야에서 활용되고 있으며 초기 단계에 있다고 볼 수 있다. 먼저 법원에서 활용하고 있는 조정제도에 대해 간단히 소개하겠다. 법원에서 조정의 도입은 1990년대 초에 시작되었다. 1991년에 30만 건의 민사사건에서 조정사건은 3000건에 불과하여 1% 정도였다. 2000년대에 들면서 민사사건이 100만 건을 상회하여 3-4배 정도 증가하였는데 조정사건은 5만 건을 넘어 10만 건에 육박하고 있어서 20-30배나 증가하는 성장세를 보이고 있다. 그러나 이 조정건수 중 수소법원조정이[41] 아직도 80%나 차지하고 있고 민사소송 중 조정신청건수 비율이 1%도 못 미치고 있어서 일본의 조정신청건수 비율 약 10%의 1/10 수준에 불과하여 조정제도가 더 성장해야 할 형편이다.

최근에 법원에서 조기조정제도를 활성화하고 있는 추세에 있다. 조기조정(Early Mediation)이란 본안재판부가 변론(준비)기일을 지정하기 전에, 또는 본격적으로 재판을 시작하기 전에 사건을 조정에 회부하여 재판부의 관여 없이 조정위원의 주도로 짧은 기간 동안 진행하는 조정을 말한다.[42] 2010년 3월부터 전국 법원에 최초로 조기조정제도가 시행되기 시작했다.

우리나라 ADR제도는 매우 초보적인 수준에 있으며 그 시행에 주도적인 역할을 하고 있는 법원이 법원부속형 조정(court-annexed mediation)이나 법원연계형 조정(court-connected mediation)을 계속 확대하고 있는 추세에 있다. **표 2.4**는 법원 조정을 담당하는 기관들을 보여주고 있다. 법원부속형 조정은 서울법원조정센터의 상임조정위원과 서울중앙지방법원의 비상임조정위원이 담당하고 있다. 법원연계형 조정은 법원 외부의 기관들에게 의뢰하는 조정으로 중재법에 의한 대한상사중재원, 서울변호사회 등 법조단체, 공정거래조정원 등 정부단체, 그리고 고려대 법학전문대학원 등 법학전문대학원에 조정사건을 의뢰하고 있다.

표 2.4 법원 조정 담당 기관

법원부속형 조정		법원연계형 조정			
상임조정	비상임조정	중재법	법조단체	정부민간단체	법학전문대학원
서울법원조정센터	서울중앙지법	대한상사중재원	서울변호사회, 대한법무사협회, 서울중앙지법법무사회	공정거래조정원, 한국소비자원, 콘텐츠분쟁조정위원회, 한국거래소, 기독교화해중재원, 한국저작권위원회, 의료분쟁조정중재원, 소비자자율분쟁조정위원회	고려대, 성균관대, 중앙대 법학전문대학원

출처: 안갑준(2012); 서울법원조정센터.

우리나라 법원의 ADR은 민사조정으로 먼저 발전되었으나 이후 가사조정, 형사조정도 후속적으로 도입되어 시행되고 있다. 이렇게 법원 소송의 사전절차로서 조정과 중재를 사법형 ADR이라고 할 수 있는데 행정부 자체적으로 운영하는 조정과 중재는 행정형 ADR이라 할 수 있다.[43] **표 2.5**에서 보는 바와 같이 대표적으로는 공정거래조정원, 한국소비자원, 노동위원회, 환경분쟁조정위원회가 조정, 중재 등 행정형 ADR을 실시하고 있다. 그런데 **표 2.3**에서 보이는 정부단체는 법원연계형 조정도 동시에 취급하고 있어서 사법형과 행정행 ADR을 모두 담당하고 있다.

민간단체가 담당하는 ADR을 민간형 ADR이라고 한다. 중재법에 의한 대한상사중재원과 한국기독교화해중재원, 언론중재위원회, 의료분쟁조정중재원, 이웃분쟁해결센터 등의 기구는 자체적인 ADR을 실시하고 있다. 일부 민간형 ADR 기구는 법원연계형 조정도 동시에 취급하고 있어서 사법형과 민간형 ADR을 모두 담당하고 있다.

표 2.5 한국의 ADR 기구

사법형 ADR 기구		행정형 ADR 기구	민간형 ADR 기구
민사조정	법원부속형 조정(서울조정센터 등), 법원연계형 조정(대한상사중재원 등)	공정거래조정원, 노동위원회, 환경분쟁조정위원회, 언론중재위원회, 한국의료분쟁조정중재원, 건설분쟁조정위원회, 신용회복위원회, 소비자분쟁조정위원회, 콘텐츠분쟁조정위원회, 이웃분쟁조정센터, 학교폭력대책자치위원회 등	대한상사중재원, 한국기독교화해중재원, 한국신문윤리위원회, 과실비율분쟁심의위원회, 한국갈등조정가협회, 한국갈등해결센터, 한국갈등관리조정연구소, 한국조정중재협회 한국사회갈등해소센터 단국대 분쟁해결연구센터 등
가사조정	서울가정법원 등		
형사조정	각 법원		

특히 법원연계형 조정 이외에 해당 기관의 독자적인 조정접수와 시행은 법령에 의해 실시되는 노동분쟁, 환경분쟁, 공정거래, 언론분쟁, 건설분쟁 등에서 행정형 ADR이 실시되고 있다. 한편 대한상사중재원, 한국신문윤리위원회, 과실비율분쟁심의위원회 등 법적 근거에 의해 활동하는 민간단체들은 ADR을 실시하는데 제약이 없으나 한국갈등조정가협회, 한국갈등해결센터, 한국갈등관리조정연구소, 한국조정중재협회, 한국사회갈등해소센터 등 법적 근거가 없는 민간단체들은 실제 ADR을 실시하기 어려운 환경에 있다. 특히 변호사법 등의 법적 제약과 정부지원 결핍으로 이들 민간형 ADR 단체들은 교육과 프로젝트 중심으로 사업을 수행하고 ADR 서비스를 제공하지 못하고 있다.

사례 2.1 광고용 사진 무단 사용에 대한 손해배상청구 조정사례

1. 사건개요

신청인은 광고용 이미지를 제작하고 출판하는 사업을 하는 법인이고, 피신청인은 식당을
운영하는 자이다. 신청인은 음식사진을 촬영하여 CD에 담아 판매하고 있었다. 피신청인은
신청인의 음식사진을 구매한 적이 없었으나, 피신청인의 식당 홈페이지에는 신청인이
판매하던 음식사진 5장이 업로드 되어 있었다. 이에 신청인은 피신청인의 저작권 침해로
인하여 재산적□정신적 손해를 입었다고 주장하면서, 피신청인을 상대로 손해배상금
200만 원을 청구하였다.

2. 당사자의 주장

(1) 신청인
피신청인이 홈페이지에 업로드한 음식사진은 신청인의 창작성과 감성이 들어간
저작물임에도 피신청인은 이를 권한 없이 사용하였다. 신청인은 이로 인하여 음식사진
5장을 정당하게 판매하여 얻을 수 있는 수익에 상당하는 재산상 손해를 입었다. 나아가
정품을 구매한 고객들이 신청인을 신뢰할 수 없게 되었고, 복제된 저품질의 사진이
인터넷에 떠돌아다니는 바람에 신청인의 작품이 낮은 평가를 받게 되었다. 신청인은
재산적 피해뿐만 아니라 이와 같이 정신적인 피해도 입었으므로, 피신청인은 신청인에
재산적 손해 150만 원(= 음식사진 한 장당 판매가격 30만 원×5장)과 정신적 피해에 대한
위자료 50만 원을 합한 손해배상금 200만 원을 지급하여야 한다.

(2) 피신청인
피신청인은 식당 홈페이지에 사진을 올리지 않았고, 피신청인이 고용한 아르바이트생이
식당 홈페이지를 만들면서 사진을 업로드한 것이다. 홈페이지에 사용된 음식사진은
피신청인이 식당에서 실제로 판매하고 있는 메뉴와는 전혀 다르며 피신청인은 홈페이지를
방치하였으므로 피신청인이 신청인의 음식사진을 상업 목적으로 사용하였다고 볼 수 없다.
따라서 피신청인이 신청인에 손해배상금을 지급할 의무는 없다.

3. 조정부의 권고

(1) 조정안
피신청인은 2013. 6. 24.까지 신청인에 50만 원을 지급한다.

(2) 이유
신청인의 음식사진은 소품의 배치, 조명의 조절과 사진촬영 기술 등에 있어 신청인만의
개성과 창조성을 발현되었다고 봄이 상당하므로 저작물에 해당된다. 제품을 충실히
표현하려는 목적으로 촬영한 광고 카달로그 사진의 경우 저작물이 아니라는 대법원
판례가 있으나, 신청인의 음식사진은 널리 음식사진이 필요한 사업자에게 판매하려는
목적으로 촬영된 것이므로 위 판례 사안과는 구별된다고 볼 수 있다. 피신청인은 식당
홈페이지에 신청인의 저작물인 음식사진을 올림으로써 신청인의 저작재산권을 침해하는

행위를 하였으므로, 신청인은 피신청인에게 저작권법 제125조 제2항에 따라 저작권의
행사로 통상 받을 수 있는 금액 상당을 손해액으로 하여 손해배상을 청구할 수 있다.
피신청인은 아르바이트생이 신청인의 저작물을 홈페이지에 마음대로 올렸으므로
자신에게는 고의나 과실이 없다고 주장하나, 피신청인은 아르바이트생을 고용한
사용자로서 아르바이트생이 홈페이지에 업로드한 게시물을 확인하여 관리할 수
있었으므로, 피신청인에게도 저작권 침해행위에 대한 과실이 인정된다. 따라서 피신청인은
신청인에 음식사진의 판매금액 상당을 손해배상금으로 지급하여야 할 것이다. 그러나
다음 사정을 고려하면 피신청인에게 사진 판매대금 전부와 위자료까지 부담시키는 것은
지나치다. 첫째, 피신청인은 음식사진이 신청인의 저작물인 점을 알면서도 이를 무단으로
사용하였던 것은 아니었고, 음식사진을 사실상 식당 홍보 목적으로 사용하지 아니하였다.
둘째, 피신청인의 홈페이지는 방문객이 거의 없어 피신청인의 저작권 침해행위로 인하여
신청인 고객들이 신청인에 대한 신뢰를 잃게 되었거나, 신청인의 사진에 대한 평판이
나빠졌다고 보기 어렵다. 이와 같이 피신청인이 저작권침해행위로 얻은 이익이 무척 적고,
신청인이 정신적인 피해를 입었다고 보기 어려워 위자료를 인정할 수도 없으므로,
피신청인은 신청인에 사진 한 장당 10만 원으로 계산한 돈 50만 원을 지급하도록
조정한다.

4. 조정 결과
양 당사자가 조정안을 수락하였다.

출처: 콘켄츠분쟁조정위원회(2014), 74-76.

제2부 조정의 기초 역량

제3장 조정의 개념과 원리

조정은 쉽게 접하는 말이긴 하지만 구체적으로 어떻게 하는 것인지, 어떤 경우에 효과적으로 활용되는지 등에 대해 별로 알려져 있지 않다. 여기서는 이해를 돕기 위해 조정의 개념에 대해 소개하고 역사적으로 어떻게 발전되어 왔는지를 알아보고자 한다.

1. 조정의 개념과 특성

1) 조정의 개념

조정하다라는 말의 영어는 mediate인데 이는 라틴어 mediare 에서 유래하였다. mediare는 중간에 있다 라는 말이므로 조정인은 분쟁의 중간에 있음을 의미하고 조정이 중간에 있게 하는 것을 말한다. 하지만 현재의 조정 개념은 원래의 의미보다 더 복잡하고 다양하다. 조정을 어떤 의미로 정의하는지 몇 가지 소개해보자.

-제3자가 분쟁당사자들의 협상을 촉진시키고 조화시키는 과정[44]

-중립적 제3자에 의한 분쟁 또는 협상과정에의 개입[45]

-분쟁에 있지 않은 재3자가 분쟁당사자들의 협상을 지원하는 과정[46]

-당사자들이 선택한 중립인이 분쟁당사자들로 하여금 상호 수용 가능한 합의에 이르도록 지원하는 사적, 자발적, 비공식적 과정[47]

-해결을 강요할 권한이 없는 중립적 제3자가 분쟁당사자들이 상호 수용 가능한 해결에 이르도록 도와주는 비공식 과정[48]

이 외에도 많은 조정에 대한 정의가 있으며 표현상 유사한 점들이 있기도 하고 차이점들이 있기도 하여 상황과 개인특성에 따라 다양하게 표현되고 있다. 이러한 정의의 다양성에도 불구하고 조정과정의 목적에는 대부분 합의를 이루고 있다. 즉, 조정의 목적은 사람들이 갈등이나 분쟁을 자발적으로 해결하도록 도와주는 것이다. 이러한 조정의 목적과 정의의 공통점들을 고려하여 조정을 정의하면 다음과 같다. 조정이란 "중립적인 제3자가 분쟁당사자들로 하여금 상호 수용 가능한 해결에 이르도록 도와주는 과정"이다.

2) 조정의 특성

조정을 이해하는 여러 가지 방법 중에서 조정이 가지는 특징적 요소들을 식별하여 이해하는 것이 효과적인 방법일 것이다. 그래서 조정의 5가지 특징을 설명하면 다음과 같다.[49)]
-조정은 지원을 받아 진행하는 협상이다.

조정은 다른 사람의 협상을 지원해주는 과정이다. 분쟁당사자들과 관련이 없는 제3자가 당사자들로 하여금 토론하고 분쟁을 해결하도록 도와주게 된다.
-조정은 합의 과정이다.

판사나 중재인과는 달리 조정인이 당사자들로 하여금 특정한 분쟁해결을 수용하도록 강제할 권한을 갖지 못한다. 조정에 의한 결정은 어디까지나 자발적이고 합의에 의해 도출한 것이다.
-조정은 비공식 과정이다.

조정은 참가자들이 증거, 과정, 법률에 의해 제약되지 않고 그들의 문제를 자유롭게 논의한다는 의미에서 비공식적인 과정이라고 할 수 있다.

-조정은 구속력 있는 합의를 도출한다.

조정은 합의적 과정임에도 불구하고 법적으로 구속력 있는 해결을 산출할 수 있다. 합의안이 도출되면 계약의 형태로 작성되고 법원연계형이라면 판사에 의해 승인되기도 한다.

-조정은 사적인 과정이다

공적 소송과 달리 조정회의는 당사자와 조정인이 의사소통하고 구체적 합의 내용은 비밀이 지켜질 것이라는 기대를 하면서 비밀 장소에서 개최되고 있다. 조정의 비밀은 법이나 당사자 합의로 보장될 수도 있다.

2. 조정의 역사

1) 고대와 중세의 조정

조정이 어떻게 발전되어 왔는가를 역사적으로 살펴보는 것은 매우 의미 있는 일이다. 고대 그리스에서는 분쟁해결의 사전적 방법은 강제적 공공 중재(mandatory public arbitration)였다. 하지만 중재라 해도 그 초기 목적은 분쟁당사자들이 분쟁을 해결하도록 도와주는 것이다. 당사자들이 해결할 수 없을 때만 중재인이 판정을 내려준다.[50]

이 외에도 많은 다른 나라에서 비공식적 분쟁해결이 사용되었다. 스칸디나비아 어부, 아프리카 종족, 이스라엘 키부티름 등은 모두 갈등, 재판, 승리보다는 평화와 조화를 더 중시하였다.

조정이 현재와 같이 유사하게 사용된 것은 중국과 일본에서 갈등해결의 주요수단으로서 사용된 조정이었다.[51] 당시 조정은 싸움이나 적대적 해결의 대안으로서 사용된 것이 아니라 분쟁해결의 최우선 방법으로 선택하는 것이었다. 왜냐하면 아시아 문화는 평화로운 해결과 유지를 강조하는 것이며 결코 승패의 방법이 해결의 수단으로 사용되지 않았기 때문이다.

중국에서 조정을 사용하는 핵심적 이유는 강요보다는 자연스러운 조화와 도덕적 분쟁해결이라는 유교적 관점의 결과이다. 중국사회는 갈등에 대해 알선적 접근방법을 강조하고 있다. 이러한 문화전통은 오랜 역사를 거쳐 이어져 왔다. 현재 중국조정위원회는 각 지역공동체별 위원들로 구성되어 있으며 모든 시민분쟁의 80% 이상을 해결하고 있다. 오늘날 중국 조정위원회(인민조정위원회, People's Mediation Committee)가 중국의 주요 조정기구이며 매년 720만 분쟁사건을 해결하고 있다.[52]

일본에서는 동네 어른이 조정인으로 활동하는 알선이 역사적으로 갈등해결의 주요 방법이었다. 현재 일본의 협상스타일은 여전히 관계를 강조하고 순수한 알선스타일로 간주되고 있다. 특히 비즈니스세계에서 협상은 관계구축에 시간을 많이 할애하고 이 관계구축이 없으면 최종 합의는 이루어지지 않는다.

비공식적 분쟁해결의 원리들이나, 분쟁해결에서 힘의 양보가 아니라 상호만족의 원리들은 미국으로 이전되어 왔다.

2) 미국 조정의 변천

미국에서 조정의 역사는 2가지의 근원이 있는데 그 모두 공식적 법률체계 내에 있지 않다. 조정이 발달해온 첫 번째 근원은 지역공동체 재판(community justice)을 제공하는 방법이었고 두 번째 근원은 노동분쟁의 해결이었다. 법원이 조정을 사용하려고 한 것은 불과 최근의 일이었다.[53] 미국 원주민의 문화에서 화해(peacemaking)가 문제해결의 주요 방법이었다. 분쟁은 갈등의 근본원인을 치유하고 관계를 회복하는 방법으로 해결하였다. 오늘날에도 미국 원주민들은 화해를 사용하고 있다.

미국에 이주한 다음 식민지내 여러 집단들은 평화유지에 중점을 두었다. 개인적, 적대적 갈등해결보다 지역공동체합의를 우선시하는 문화가 조정과 분쟁해결의 다른 비공식 방법의 사용에 토대를 이루었다. 많은 식민지 개척자들은 법률적 해결을 부정적으로 생각했고 권장하지 않았다. 그러나 17세기 말경에는 비법적 분쟁해결방법의 사용은 점차 줄어들었다. 이것은 인구가 증가하면서 성장과 이동과 더불어 지역공동체라는 느낌은 사라졌다. 상공업의 발달은 점점 복잡한 처리, 서류의 사용, 상거래법의 요구를 증대시켰다. 초기에 피했던 보통법(common law)의 상당부분이 실질적으로 수용되었다. 문제해결에 대한 협력적 접근방법보다 경쟁적 접근이 더 많이 사용하게 되었고 명백한 갈등이 증가하였다. 재판이 명령과 권위를 제공함으로써 분쟁해결의 더 큰 역할을 하였다.

조정이 역사적으로 사용되었던 명백한 분야는 노동분쟁이다. 미국에서 노동분쟁이 많이 발생했던 초기 산업시대에서는 신속한 분쟁해결이 시급하였다. 노동과 경영 간에 갈등이 발생할 때 해결되지 않게 되면 파업과 공장폐쇄로 이어질 수 있어서 신속한 노동분쟁해결은 매우 중요하였다. 노동이 조합을 결성하고 분쟁이 보편화되면서 의회는 1913년 노동성을 설립하고 노동성장관이 조정관 역할을 하도록 하였다. 조정을 잘 활용하여 분쟁을 신속하게 해결하고 파업을 피하고자 하였다. 노사관계가 발전하고 조정의 필요성이 증대하면서 의회는 1947년 연방조정알선청(Federal Mediation and Conciliation Service, FMCS)을 설립하였다. FMCS는 연방독립기구로서 주 간의 상거래, 비영리적 의료기관, 연방정부기관에서 발생하는 산업분쟁의 관할권을 가졌다. FMCS는 현재에도 노동분쟁의 조정에 중점을 두고 여전히 활발한 역할을 하고 있다.

일반 시민을 대상으로 한 분쟁해결자는 법원이 담당하게 되면서 공동체와 교회를 대체하였다. 그러나 법원에 대한 불만이 표출되기 시작하였다. 분쟁의 완전한 법제화나 제3자에 의한 의사결정 포기에 대한 문제가 있긴 하지만 법원에 대한 불만은 주로 비용과 시간의 문제에 집중되었다. 이러한 불만이 현재의 ADR 운동의 기폭제가 되었다. 조정이 현재 이용되고 있는 것은 역사적 배경과 철학을 포함하고 있지만 조정의 핵심은 법원에 대한 대안이나 부속으로 역할을 하고 있다.

3. 조정의 기본 원리

조정이 작동하는 가장 기본적인 원리는 무엇인가? 힘(power)이나 권리(rights)에 의해 분쟁을 해결하지 않고 당사자들이 이해관계(interest)에 의해 해결하기 위해서 어떤 원리를 지켜야 하는가. 여기서는 조정의 기본 원리로 네 가지, 즉 공평성 또는 중립성, 자기결정, 정보에 기초한 합의, 비밀유지를 설명하고자 한다.[54]

1) 공정성 또는 중립성

조정에서 핵심 원리는 조정인이 제3자로서 공평하거나 중립적이어야 한다는 것이다. 공정성(impartiality)과 중립성(neutrality)은 서로 다르게 사용되거나 둘 중 하나가 더 정확한 것으로 사용되기도 하는데 여기서는 동일한 의미로 같이 사용한다. 기본적 생각은 조정인이 분쟁의 내용이나 결과에 아무 이해관계가 없어야 한다는 것이다. 이 개념은 마치 판사가 재판에서 분쟁에 어떤 이해관계가 없어야 하고 당사자들과 어떤 관계도 없어야 한다는 원리와 유사하다. 재판에서 이해관계나 개인적 관계는 판결의 합법성에 의심을 야기할 수 있다.

공정성이 어떤 경우에 위반되는지를 예를 통해 살펴봄으로써 공정성을 더 잘 이해할 수 있다. 조정인이 분쟁의 당사자인 기업의 주식을 몰래 소유하고 있다면 공평성에 위배될 수 있다. 또한 조정인이 분쟁당사자와 사전 또는 현재 관계를 가지고 있고 이를 상대방에게 공개하지 않는다면 공평성은 손상될 수 있다. 비슷하게 조정에서 결정된 합의에 따라 조정인이 재정적으로 이익을 보거나 손실이 난다면 공정성 문제가 내포되어 있다. 이러한 상황에서는 조정인이 자신의 전문성이 아니라 개인적 이해관계에 의해 조정을 수행하지 않는가라고 의심하게 된다.

왜 공정성이 문제되는 것인가? 조정은 촉진된 협상의 한 형태이다. 조정인이 협상의 결과에 이해관계를 가지고 있다면 조정인은 촉진자 기능을 수행하기보다 본질적으로 협상당사자가 되기 때문에 공정성은 조정인을 당사자들 중간에 위치하게 하는 핵심적 원칙이다.

공정성은 2가지 형태로 나타난다. 하나는 외부적으로 인식되는 편중성이다. 외부 환경 때문에 당사자들이 조정인을 어떤 형태로 편중되어 있다고 간주하는 것이다. 이것은 조정인이 실제로 편중되어 있다고 보는 것이 아니라 편중된 거 같이 보인다는 것이다. 이해관계의 상충(Conflict of interest) 원칙이 이러한 상황을 언급하고 있다. 이러한 외적 중립성은 조정과정의 정당성과 그 귀결로서 조정결과의 합법성에 중요하다.

또 다른 형태는 내부적으로 인식되는 편중성, 말하자면 실제 편중성(actual bias)이다. 객관적으로 측정하기 어렵지만 조정인이 편견을 가지고 있는지, 조정하는 방식에 영향을 주는 사전 동기가 있는 것을 말한다. 조정의 공정성은 이 두 가지의 편중성이 없어야 한다. 그래서 이상적인 조정은 조정인이 실제 편중성과 인지된 편중성이 없는 조정을 의미한다.

2) 자기결정

　자기결정(self-determination)이란 당사자들이 합의 요소들을 자발적으로 결정하는 것으로 조정의 기본원리들을 연결시켜주는 조정의 핵심적 특징이다. 이러한 자율성은 조정의 주요 매력 중 하나이다. 자기결정이 결여된 과정도 해결방안을 만들 수 있지만 조정의 기본 원리와 일치하지 않는다. 예를 들어 충분한 권한이 있는 조정인이 당사자들을 위협하여 확실하게 사건을 해결하도록 강요할 수 있다. 또한 조정인이 어떤 형태로 무능력한(예를 들어 소수그룹이나 마약중독자) 당사자로부터 약속을 받아낼 수는 있다. 이러한 예들은 사건 해결이라는 조정의 한 단면을 충족시키지만 조정의 기본원리 중 하나인 자기결정이라는 원리를 희생하여 이루어졌다.

　왜 자기결정이 중요한가? 그 첫 번째 답은 조정이 근본적으로 비공식적 성격을 가지고 있다는 점에서 찾을 수 있다. 공식적 운동이나 과정기록이 없다. 증인과 다른 증거가 법정에서 기대하는 것처럼 별로 개입되지 않는다. 이러한 비공식성은 당사자들이 사건을 어떻게 해결해야 할 것인가를 결정할 권한을 가지고 있다면 조정의 강점 중 하나이다. 대신 조정인이 결정하는 주체라면 이러한 비공식성, 일방적 의사소통, 비구조적 대화 및 다른 조정의 함정은 문제가 될 수 있다.

　자기결정 중요성의 두 번째 답은 당사자에게 결과에 대한 선택권을 부여함으로써 조정이 가치창조의 성과를 낼 기회를 극대화할 수 있다는 점이다. 당사자들이야 말로 그들이 우려하는 것, 좋아하는 것, 잘 지낼 수 있는 것을 가장 잘 안다. 좋은 의도를 가지고 있는 조정인도 의사결정권한을 가지게 되면 조정의 가장 매력적인 약속의 하나를 앗아가게 된다.

자기결정은 적어도 두 가지의 형태를 취한다. 첫째는 조정인의 부적절한 개입이 없이 당사자들이 스스로 의사결정을 할 수 있어야 한다. 그렇다고 조정인이 어떤 제안을 하거나 다른 결과의 잠정적 손익을 지적할 수 없다는 것을 의미하지는 않는다. 조정의 종료 시에 조정인은 당사자들이 최종 결정을 하도록 허용해야 한다.

자기결정의 둘째 형태는 당사자들이 다른 사람의 부적절한 영향을 받지 않고 스스로 의사결정을 하는 것이다. 원래 조정은 분쟁의 모든 관련 당사자들을 포함하고 각 당사자들이 조정의 실제 결과에 대한 독립적 의사결정을 할 정상적 능력을 가지고 있어야 한다. 이러한 의사결정의 원리는 가정폭력에서 조정을 매우 어렵게 하는 것을 말한다. 가정폭력의 악순환은 방방이로 맞은 배우자가 자신을 위해 의사결정하기 불가능하도록 한다. 그래서 대부분의 법원에서는 가정폭력사건을 조정에서 제외하도록 하고 있다. 가정폭력사건을 조정에 회부하는 법원체계는 일반적으로 당사자들의 자기결정을 보호할 보호망을 구축하고 있다.

3) 정보에 기초한 합의

세 번째 조정의 원리는 당사자들의 결정이 적절한 정보위에 이루어져야 하는 것이다. 어떤 자발적인 과정의 중심에는 의미 있는 선택이 있다. 선택이 의미 있으려면 적절한 정보가 제공되어야 한다. 합의에 이르는 모든 과정이 정보에 기초한 합의(informed consent)는 아니다. 당사자를 특정 과정이나 합의로 몰아가는 것은 정보에 기초한 합의 정신을 싫어하는 것이다. 예를 들어 조정인이 당사자들로부터 잠재적 해결 방안을 검토할 의미 있는 기회를 배제시킨다면 정보에 기초한 합의는 위협을 받는다. "복잡한 다수의 패키지를 포함한 해결패키지를 넣어 두었습니다.

결정할 5분의 시간을 드리지요."라고 말한다면 이러한 정보에 기초한 합
의에 위배하는 것이다.

왜 정보에 기초한 합의가 조정에서 중요한가? 조정의 장점은 끝난 후
당사자들이 좋은 결정을 했다는 생각에 달려있다. 당사자들이 조정에서
스스로 양질의 결정을 할 수 없다면 재판이나 다른 심판과정이 더 적절할
지도 모른다. 조정은 당사자들에게 좋은 결정을 할 기회를 제공하느냐에
달려 있고, 좋은 결정은 당사자들이 적절한 정보를 가지고 있느냐에 달려
있다.

정보에 기초한 합의는 두 가지의 다른 요소를 포함하고 있다. 첫 번째
요소는 당사자들이 조정과정에 대해서 정보에 기초한 선택을 해야 한다
는 것이다. 당사자들은 다양한 구조로 조정에 들어간다. 어떤 경우에는
당사자들이 독립적으로 조정을 시작할 수 있고, 또 어떤 경우에는 당사자
들이 법원제도가 조정을 시도해보기를 권장하거나 요구할 수도 있다. 조
정이 의무적인 상황에서도 당사자들은 사건을 해결하도록 강요되지 않는
다. 기껏해야 당사자들에게 조정을 해보라고 명령을 내릴 뿐이다. 조정을
시도하기 위해서는 당사자들이 적어도 조정인 역할을 포함한 조정과정의
기본 특성을 이해해야 한다.

정보에 기초한 합의의 두 번째 요소는 당사자들에게 어떤 가능한 합의
의 내용에 대해 정보가 제공되어야 한다. 말하자면 당사자들이 조정내용
에 대해서 정보에 기초한 선택을 해야 한다는 것이다. 각 당사자들이 그
협상의 예상결과를 이해할 때만이 의사결정이 정보에 토대하고 있는 것
이다.

가장 이상적으로는 당사자들이 분쟁해결과정으로서 조정을 이해하고
동의하는 것이다. 또한 당사자들이 해결의 대안이 무엇이라는 것을 이해
하고 조정에서 도달한 해결의 예상결과를 이해하는 것이다.

표 3.1 조정의 세 가지 원리

공정성/중립성	자기결정	정보에 기초한 합의
외적 공정성 조정인은 결과에 아무 관련이 없는 것으로 보인다.	**조정인 영향** 양 당사자는 조정인의 어떤 간섭도 받지 않고 결정할 수 있다.	**절차적 결정** 양 당사자는 조정의 절차를 이해하고 동의한다.
내적 공정성 조정인은 어느 당사자에게도 편중하거나 반대하지 않는다.	**기타 영향** 양 당사자는 외부의 어떠한 간섭도 받지 않고 결정할 수 있다.	**내용적 결정** 양 당사자는 가능한 결과의 실질적 의미를 이해한다.

출처: Moffitt and Schneider(2014), 96.

표 3.1은 Moffitt & Schneider가 요약한 조정의 기본 원리이다. 저자들이 밝혔듯이 조정의 목표를 달성하는 유일한 3가지 원리가 아니고 다만 조정에서 어렵거나 중요한 윤리적 딜레마에 있을 때 가장 관련성이 높은 원리이다.

4) 비밀유지[55)]

재판은 공개적으로 진행되지만 조정은 비공개로 진행된다. 조정이 비공개로 진행되는 이유는 분쟁해결의 내용 뿐 아니라 과정에 대해 당사자들이 비밀을 유지하기를 원하기 때문이다. 조정이 대중들이 없는 비공적 장소에서 이루어지는 점은 당사자들에게 매력으로 보인다.

일반적으로 프라이브시가 필요한 이유는 대중들의 눈에서 보이지 않게 어떤 대화가 이루어져야하기 때문이다. 예를 들어 외교관들이 미묘한 타협을 하고자 할 때 전 세계가 보고 있는 상태에서 협상하기보다 비밀대화를 하는 상태에서 협상하는 것이 더 쉽다. 비슷하게 비밀이 유지되는 대화는 서로 다 많은 정보를 공유하고 상호 이익이나 창의적이 옵션을 개발할 기회를 제공할 가능성이 높다.

또한 어떤 종류의 관계는 솔직한 의견교환이 활발하게 이루어지느냐에 달려 있다. 배우자 간의 대화의 비밀을 유지하는 것은 배우자 간 관계가 중요하고 그 관계는 솔직함에 달려 있기 때문이다. 이와 유사하게 목사와 교민, 의사와 환자, 변호사와 의뢰인의 관계에서 비밀유지는 관계형성에 필요한 솔직한 의견교환을 촉진하는 기능을 하고 있다. 따라서 이러한 관계 내에서의 의사소통을 할 때는 외부로부터의 프라이브시가 보장되도록 해야 한다.

그러나 공공적 관심은 비밀유지 보장을 광범위하게 확대하는 것을 반대하기도 한다. 비밀유지는 사실관계조사를 위해 분쟁과 관련한 정보를 청취할 수 없게 한다. 그래서 증거가 필요할 경우에는 재판절차를 선호하게 된다. 대중들은 재판에서 모든 진실이 밝혀진다고 생각하기 때문에 재판의 특징인 투명함으로부터 이득을 보려고 한다. 때로는 투명함이 비리를 방지하고 위험을 예방하는데 꼭 필요할 수도 있다.

비밀유지에 대한 찬성과 반대의 문제는 조정에서 정책적 장단점이 있다. 비밀유지의 찬성 편에서 보면 조정인-분쟁당사자 관계가 결혼이나 의사-환자 관계 만큼 중요하지는 않을 수 있지만, 사회는 보호할 가치가 충분한 대화로부터 이익이 나온다고 생각하게 된다. 대부분의 사람들은 비밀유지가 당사자들로 하여금 조정인에게 솔직하도록 권장한다고 생각하고 있다. 그리고 당사자들이 조정인에게 어느 정도 솔직해야만 조정인이 효과적으로 역할을 할 수 있다고 믿고 있다. 그리고 당사자들이 조정과정을 남용할 수도 있는 어떤 방법들을 비밀유지는 방지하게 된다.

비밀유지의 반대 편에서 보면 비밀유지는 두 가지 점에서 문제가 있다.

첫째, 조정의 내용과 성과에서 문제이다. 분쟁의 내용과 해결이 비밀로 보호된다면 사람들은 원하는 정보에 대해 학습할 수가 없다. 기업은 근로자나 소비자와의 분쟁을 뉴스거리로 만들고 싶지 않는다. 사실 비밀유지는 재판형태에서는 알려질 수도 있는 중요한 정보를 대중들이 학습하지 못하도록 한다.

비밀유지의 둘째 문제는 조정의 과정에 대한 것이다. 비밀유지는 조정과정상 부정을 대중의 눈과 재제로부터 숨길 수 있다. 재판은 소송과정상 사전 설정된 라인을 넘게 되면 수정할 확실한 기회가 있다. 위증을 한 증인은 위증죄로 처벌되고, 잘못을 한 변호사는 변호사협회의 제재를 받고, 잘못 내린 판사의 재판은 번복될 수 있다. 그러나 조정에서는 참가자들 누구라도 과정상 적법성을 어기는 속임수에 빠져들 수도 있다.

조정에서 비밀유지에 대한 찬성과 반대의 관점들이 있어서 복잡한 타협이 도출되었다. 사회는 조정과정에 대한 절대적 비밀유지로 허용하지 않고 그렇다고 완전한 투명성도 주장하지 않는다. 그 대신 비밀이 보호되어야 하는 특정 상황들을 제시하고 있다. 다음 4가지의 기본적 구조에서는 비밀유지가 필요하다는 것이다.

-증거의 제외: "당신이 어떤 말을 들었던 유일한 장소가 조정과정 중이었다면 그것을 법정에서는 사용할 수 없다."

-보호명령: "위반하면 모욕죄 처벌이 될 조건으로 비밀을 지켜야 한다."

-계약: "우리는 비밀을 지키기로 약속을 했다."

-특권: "당신은 나를 증언하게 할 수 없다. 당신은 내가 정보를 생산해서 폭로하도록 할 수도 없다."

이러한 구조들은 조정에서의 대화가 여전히 비밀을 유지하도록 당사자들에게 확신시켜주고 있다.

사례 3.2 고용분쟁 조정 사례

　본 사례는 미국의 작은 시골마을의 병원에서 발생한 의사의 고용분쟁의 조정사례이다. 특히 분쟁당사자들이 스스로 결정하도록 하되 정보를 토대로 하여 합의하도록 조정인이 역할을 하는 사례이다. 페어뷰 의료원의 원장인 리차드 싱손박사는 공석이 된 두 명의 의사를 채용하고자 하였다. 몇 개월의 채용과정을 통해 앤드류와 재닐 휘태모아부부를 소아과의사와 산부인과의사로 고용하게 되었다. 그들이 부부라는 점이 그 당시에는 문제될 것이 전혀 없어보였다.

　페어뷰의료원은 환자진료 유지를 위해 모든 의사들로 하여금 보수와 계약파기시 조건을 구체적으로 명시하는 5년 고용계약을 체결하도록 요구하고 있다. 이 고용계약 중에는 비경쟁조항(no-competition clause)이 포함되어 있는데 이는 의사가 계약기간 만료이전에 그만 둘 경우 남은 기간 동안에는 의료원과 같은 도시에서 의료행위를 못하도록 규정하고 있다. 이 조항을 위반하면 금전적 위약금을 물어야 한다.

　휘태모아 부부는 모두 자신의 직무를 잘 수행했으며 동료와 환자들에게 존경을 받았지만 불행하게도 그들의 결혼생활은 이 의료원에서 근무하면서 점점 악화되었다. 결국 그들은 이혼에 합의하고 두 어린 아이 곁에 살기를 원했기 때문에 같은 도시에서 계속 살기로 하였다. 남자인 앤드류가 의료원 밖에서 환자를 찾기 쉽다는 판단 하에 앤드류가 의료원을 그만두기로 하였다.

　싱손은 휘태모아의 병원개업으로 인한 손실이 막대할 것으로 보아 위약금으로 남은 2년의 계약기간동안 개업으로 벌게 될 수입 100%를 부과하겠다고 하였다. 휘태모아는 싱손의 반응이 부당하고 무책임한 것이라며 병원을 개업할테니 법원에서나 자기수입을 가져가 보라고 위협하였다. 싱손은 휘태모아의 개업을 방해할 것이고 위약금 전체를 요구할 것이라고 답했다. 휘태모아와 싱손은 법원에서 재판으로 해결하기에 돈과 시간, 그리고 이미지에 문제가 있다고 보고 제3자에게 도움을 받기 위해 조정을 신청하게 되었다.

　싱손-휘태모아 사건의 조정을 맡은 조정인은 갈등분쟁해결협회의 리타 몬토야이다. 조정을 시작하면서 조정인의 소개, 당사자의 협조부탁, 조정의 정의와 조정인 역할, 중립성과 비밀보장 언급, 기본규칙 수립, 조정과정 설명 등에 대해 언급하였다.

　리타는 싱손과 휘태모아의 입장을 정리해 보았다. 휘태모아는 "비경쟁조항은 위헌이기 때문에 계약을 파기해도 위약금을 물 수 없다" 라는 입장을 취하고 있다. 이에 반해 싱손은 위약금을 즉시 물거나 아니면 도시를 떠나라. 위약금을 문다면 그 지급일은 협상해 볼 수 있다" 라는 입장을 표명하고 있다.

　문제해결식 조정방법을 택하기 위해 리타는 두 사람의 이해관계를 파악해야만 했다. 휘태모아는 아이를 돌볼 수 있도록 그 도시에 머물고 싶고 사이가 틀어진 아내와의 접촉을 피하고 싶지만 의료원과 그 의사들과는 좋은 관계를 유지하고 싶으며 의료원에 위약금을 최소화하려고 한다. 싱손은 휘태모아 결손으로 금전적 손실과 환자 감소를 피하고 싶고, 고용계약조건을 결정할 의료관리 특권을 유지하고 싶고, 의사가 계약만료

이전에 그만두고 같은 도시 내에서 의료행위를 하는 전례를 만들고 싶지 않고, 가능하면 휘태모아 부부와 좋은 관계를 유지하고 싶어 했다.

몬토야 조정인은 휘태모아가 그 도시에 머무르면서 의료원과 연계해서 의료행위를 함으로써 계약조건을 위반하지 않는 방법과 휘태모아가 그 도시에 머무르면서 개인병원을 개업하되 계약만료 이전에 고용계약을 파기함에 대해 의료원에 보상하는 방법에 대해 당사자들이 토론을 통해 대안을 개발하도록 하였다.

당사자들은 피해보상이 있는 경우와 없는 경우를 포함하여 여러 가지 해결대안을 개발하였다. 이러한 대안은 공동으로 개발했기 때문에 평가과정도 같이 시작했다. 어떤 대안이 서로의 관계를 가장 잘 유지하는지, 의료원이나 의사들과 관계를 가장 잘 유지하는지, 어느 대안이 비용 효과적인지, 어느 대안이 선례에 대한 관심을 다루고 있는지 등을 토론하였다. 결국 두 사람은 휘태모아가 의료원과 같이 진료를 계속하되 계약이 만료될 때까지 근교사무소에서 진료하는 대안에 대해 합의했다.

출처: Moore (2003), 4-5 사례개요를 활용하고 원창희(2005), 161-170를 요약, 발췌하였다.

제4장 조정의 유형과 절차

조정을 학습할 때 어떤 정형한 틀이 있기를 기대한다. 그러나 어떤 제품과 같이 조정의 표준적인 모습을 그림으로 그려 내 보이기는 어렵다. 왜냐하면 조정이 획일적으로 진행되는 것이 아니고 조정을 진행하는 사람에 따라 다양한 방식으로 나타나기 때문이다. 그럼에도 불구하고 조정인의 특성에 따라 유형을 분류하여 비교함으로써 조정의 유형과 절차를 이해하는데 도움을 얻고자 한다. 조정의 유형에는 다양하게 언급되고 있지만 많은 학자들이 공통적으로 공감하는 조정의 세 가지 유형은 평가식 조정(evaluative mediation), 촉진식 조정(facilitative mediation), 변형식(transformative mediation)이다.[56] 이 3가지의 유형을 차례로 살펴보고 유형별 절차를 설명하려고 한다.

1. 조정의 유형

1) 평가식 조정

평가식 조정은 사법적 해결회의에서 모형화된 조정방법으로 조정인이 당사자들의 주장을 평가해줌으로써 주어진 의사결정을 하는데 도움을 주는 방법을 모색한다. 당사자들이 재판을 통해 승리할 것을 과대평가하며 해결하는데 어려움을 겪고 있을 때 평가식 조정인은 당사자들이 재판에서 직면하게 될 위험과 기회를 정확하게 평가하는데 도움을 주게 된다.

어떤 평가식 조정인은 해당 사건에 대한 금전적인 가치를 제안하기도 한다. 재판의 전망에서 정확한 평가를 얻게 되면 당사자들이 조정을 통해 해결하는 것이 더 매력적이라고 생각할 수 있다.

평가식 조정인은 일반적으로 학력이나 경력에서 법적 전문성을 가지고 조정에 임하는 경우가 많다. 분쟁당사자도 종종 어떤 산업에 대한 특별한 지식을 가지고 있는 특정 평가식 조정인을 선택하고자 한다. 왜냐 하면 당사자들은 그 평가식 조정인으로 하여금 전문성을 분쟁에 적용하여 그 분야의 규정이나 표준에 기초해서 각자의 입장에 대해 지침을 제공해주기를 원하고 있다.

평가식 조정인은 당사자들의 입장에 들어 있는 위험요소, 당사자들의 주장이 가지는 약점, 소송전략에 내포되어 있는 비용들을 발견하도록 도와줌으로써 조정에 의한 해결이 소송보다 더 유리하다는 것을 보여주고자 한다. 어떤 경우에는 충분한 정보를 교환한 다음 당사자들은 조정인에게 각자 요구사항의 범위를 평가해달라고 요청하기도 한다. 그래서 이러한 평가식 조정과정이 평가식 조정인 왜 그런 호칭을 얻게 되었는가를 보여주고 있다.

대개 소송을 거는 경우 자신이 승리할 수 있다는 유리한 점들을 부각시키려고 노력하고 있기 때문에 그러한 기대치를 낮춤으로써 자신이 불리하거나 질 수도 있다는 점을 정확하게 평가해줌으로써 양보를 얻어내고 합의에 이르도록 조정인이 가이드하게 된다. 때로는 당사자들이 서로 합의에 이르기 어려울 경우에는 평가식 조정인이 해법을 제안하기도 한다. 평가식 조정은 사건이 소송으로 갔을 때 당사자들의 주장이 법적으로 어떤 유, 불리가 있는지를 따지는 것이어서 법률적 조정이라고도 볼 수 있다.

2) 촉진식 조정

촉진식 조정은 원래 1960년대와 70년대의 지역사법센터(community justice center)와 대체분쟁해결클리닉(alternative dispute resolution clinics)에서부터 시작되었다. 자발적 조정인들은 공평한 방식으로 분쟁당사자들 간 의사소통을 촉진시키고자 하였다. 자발적 조정인들은 법률이나 어떤 특정 산업의 관행보다는 의사소통과 과정에 중점을 두고 있다. 조정인은 공평하고 중립적인 태도로 당사자들의 입장이나 소송으로 갈 경우 예상되는 결과들과는 거리를 두려고 노력하게 된다.

촉진식 조정은 조정인이 합의를 도출하기 위해 중립적인 방법으로 당사자들 간의 의사소통을 촉진시키는 조정을 말한다. 이를 위해 촉진식 조정인은 당사자의 이해관계를 식별하고 창조적 해결옵션을 개발하는 데 중점을 두게 된다. 당사자들이 정확한 의사결정을 내릴 수 있도록 빠진 정보를 제공하는 특성이 있다. 대화를 촉진시키기 위해 분리회의를 적극 활용하여 왕복외교(Shuttle diplomacy)를 잘 하는 것도 중요하다.

촉진자의 중립적 입장은 3가지 점에서 필요하다. 첫째, 촉진식 조정인은 당사자들이야 말로 자신의 욕구를 충족할 결과를 가장 잘 결정할 수 있다고 간주한다. 둘째, 촉진식 조정인은 중립적 자세가 당사자들의 신뢰를 얻을 가능성이 높다고 생각하고 있다. 셋째, 촉진식 조정인은 법률이나 다른 어떤 것보다 당사자들의 기여를 더 중시하기 때문에 조정인의 중립적 자세가 조정인 개입의 효과성을 극대화한다고 믿고 있다.

촉진식 조정인은 당사자들이 자신과 상대방의 이해관계 모두를 이해하는 과정을 만들어 내어야 한다. 뿐만 아니라 조정인은 질문을 하고, 당사자의 관점을 이해하고, 쟁점을 재구성함으로써 당사자들이 상호 이익이 되는 해결방안을 위한 공통의 이해관계와 기회를 발견하도록 도움을 주어야 한다. 조정인은 합동회의와 분리회의를 잘 결합해서 이를 달성할 수 있다. 이러한 과정이 진행되는 동안 촉진식 조정인은 옵션을 만들거나 평가하지 말고 실질적인 결정을 당사자들에게 맡겨 두는 편이 좋다.

3) 변형식 조정

평가식과 촉진식 조정이 특정 문제의 해결에 중점을 두고 있는데 반해 변형식 조정은 분쟁당사자들 자체와 상호관계에 중점을 둔다. 변형식 조정은 특정 분쟁의 구체적 해결보다 분쟁당사자들의 도덕적 성장(moral growth)을 목표로 하고 있다. 변형식 조정에 깔려 있는 기본적인 생각은 갈등으로 인해 당사자들이 서로 적대적 행동을 하고 주변 환경이나 상대방 반응에 대해 통제할 수 없는 감정을 가지고 있다는 것이다. 그래서 변형식 조정은 당사자들로 하여금 부정적 악순환으로부터 빠져 나오도록 위임하고 상대방의 관점을 인정하는 능력을 개발하고자 한다.

바람직한 변형식 조정의 형태는 당사자들과 조정인이 합동회의를 개최하여 조정하는 것이다. 조정인은 당사자들로 하여금 스스로 품위 있고 도덕적이며 상대를 배려할 줄 아는 사람이라는 점을 인정하는 연습을 하도록 한다. 당사자들은 위임을 받으면 자신감이 생기고 상대방의 말을 듣고, 신뢰하고, 존중할 수 있으며, 보다 생산적인 관계를 구축할 수 있다. 그래서 위임해주는 것은 한 당사자에게 상대방의 가치와 관점을 인정하고 이해하는 능력을 주게 된다. 이러한 두 가지 요소인, 위임(empowerment)과 인정(recognition)은 변형식 조정의 핵심이다.

변형식 조정은 조정의 자기결정적(self-determination) 측면에 중점을 두고 있다. 당사자들이 그 과정의 완전한 주체이다. 조정인은 당사자들에게 특정 결과를 압박하지 않으며 특정한 과정이나 일정을 강요하지도 않는다. 변형식 조정의 성공은 당사자들의 변화와 상대방을 효과적으로 대하는 능력에 달려 있으므로 변형식 조정은 직접적인 분쟁의 해결을 1차적 목표라기보다 부차적 성과로 간주하고 있다.

2. 평가식과 촉진식의 관계모형

평가식 조정과 촉진식 조정은 서로 어떤 관계를 가지고 있을지를 연구한 Riskin's Grid 모형은 두 조정방법을 비교하는데 도움을 주고 있다.[57) Riskin은 조정인의 조정스타일은 특정 스타일로 분리된 것이 아니라 연속선상의 어떤 점들로 보려고 하였다. 그는 조정의 역할로서 평가식과 촉진식 조정스타일을 수직축에 상하로 정반대 위치에 두고, 조정할 문제의 범위를 수평축에 두고 서로 중앙에서 교차하도록 하여 4개의 격자를 구분하였다. 여기서 문제의 범위가 협의인 것은 법률적, 재정적 쟁점들을 포함하고, 광의인 것은 지역, 사회, 경영문제 같은 넓은 쟁점과 해결을 포함하고 있다.

4개의 영역은 평가식-협의, 평가식-광의, 촉진식-협의, 촉진식-광의로 구분된다. 평가식-협의는 조정인이 분쟁사건의 장점과 단점을 평가하고 당사자들을 압박하여 해결하게 하고 논쟁을 직접적인 분쟁에만 국한하도록 하는 것을 의미한다. 평가식-광의의 조정인은 각 당사자들의 입장 안에 있는 이해관계와 분쟁을 넘어선 공통적 이익을 찾아내고 입장의 상대적 장점에 대해 조언을 주려고 한다. 촉진식-협의는 조정인이 당사자들에게 자신들의 입장을 이해하도록 요구하고, 당면한 문제를 해결하는 방안을 만들어 내도록 허용하게 된다. 촉진식-광의는 특정 분쟁의 공식적 계수를 넘어선 기본적 이해관계를 밝혀내고 해결의 옵션을 개발하기 위해 당사자들과 함께 노력한다.

그림 4.1 평가식-촉진식 조정의 관계모형

	조정인 역할 평가식	
	평가식-협의	평가식-광의
문제 범위 | 협의	압박촉구: 당사자에게 입장에 기초한 협의적 해결을 수용하도록 압박 제안: 입장에 기초한 협의적 합의를 제안 예측: 법원 등 결과를 예측 평가: 양쪽의 강점과 약점을 평가	압박촉구: 당사자에게 이해에 기초한 광의 해결을 수용하도록 압박 개발제안: 이해에 기초한 광의적 합의를 제안 예측: 미해결 시 이해관계에 대한 영향 예측 자체교육: 당사자 이해관계를 학습
	촉진식-협의	촉진식-광의
문제 범위 | 광의	당사자 지원: 당사자가 제안을 평가하도록 지원 당사자 지원: 당사자가 입장에 기초한 협의적 제안을 개발하고 교환하도록 지원 질의: 미해결 시 결과를 질의 질의: 법원 등 예상결과를 질의 질의: 양쪽의 강점과 약점을 질의	당사자 지원: 당사자가 제안을 평가하도록 지원 당사자 지원: 당사자가 이해에 기초한 광의적 제안을 개발하고 교환하도록 지원 당사자 지원: 당사자가 이해관계에 상응하는 옵션을 개발하도록 지원 당사자 지원: 당사자가 이해관계를 이해하도록 지원
	조정인 역할 촉진식	

출처: Riskin(1996), 35; Moffitt & Schneider(2014), 88.

3. 평가식, 촉진식, 변형식의 비교분석

앞에서 평가식, 촉진식, 변형식 조정의 기본 개념과 방법에 대해 살펴
보았다. 이 3가지의 조정방식을 효과적으로 비교함으로써 더 명확한 이해

를 할 수 있다. 그래서 **표 4.1**에서 보는 바와 같이 목표, 과정, 극복대상, 조정인 역할, 전형적 조정인 말투, 주요 조정원리의 측면에서 3가지의 조정방식을 비교해본다.

표 4.1 평가식, 촉진식, 변형식 조정의 비교

	평가식 조정	촉진식 조정	변형식 조정
목적	해결	해결	당사자들의 관계 개선
회의 방식	주로 분리회의	합동-분리회의	주로 합동회의
극복 대상	당사자들의 소송에 대한 비현실적 기대 합리적 옵션을 밀고 나가기	오해나 숨겨진 이해관계 매우 적은 창의적 옵션 나쁜 의사소통	독자적 문제 해결 역량의 부족 악화된 업무상 관계 당사자 간의 상호이해 부족
조정인 역할	양 측의 장단점 평가 가능한 해결대안의 개발 특정 결과 촉구	개방형 질문하기 당사자들과의 대화 유지 일정 수립	당사자가 책임지는 '위임'과 당사자가 상대방 관점을 이해하는 '인정'의 기회를 강조
전형적 조정인 발언	"제가 보기에는 소송에 들어가면 다음 같은 위험과 기회가 있을 것 같네요 ..." "재판에 갔을 때 문제될 ~ 사실에 대해 어떻게 대처하실 계획인가요?" "...한 해결방안에 어떤 문제가 있을까요?"	"이번 사건에 대한 당신의 견해를 말씀해주시겠습니까?" "왜 ...을 요구하시는지요?" "해결방안에 어떤 이해관계가 있습니까" "이러한 이해관계를 뭐라고 불러야 할지 의견이 있는지요?"	"오늘 일정은 어떻게 진행하면 좋을까요?" "지금 무엇이 유익할까요?" "상대방이 말한 것 중에 어떤 것을 더 이해하고 싶은가요?"
주요 핵심 원리	정보 기반 합의	공정성 또는 중립성	자기결정

출처: Moffitt & Schneider(2014), 90.

세 가지 조정 유형의 비교에서 차이점을 몇 가지로 요약하면 다음과 같다.

-변형식 조정은 관계개선이 목적이므로 주로 합동회의에서 진행한다.

-촉진식 조정은 이해관계에 기초한 창의적 옵션 개발을 추구해야 하므
로 개방형 질문을 사용하고 당사자 간 대화를 촉진한다.

-주요 핵심원리로는 평가식 조정이 정보에 기반한 합의, 촉진식 조정
은 공평성이나 중립성, 그리고 변형식 조정은 자기결정을 각각 활용하고
있다.

사례 4.1 차용금지급 분쟁 평가식 조정 사례

이 분쟁 조정 사례는 사인 간에 채권채무가 발생하여 채권의 미지급에 대한 분쟁을
조정한 사례이다. 법원의 민사사건으로 제기된 본 사건이 조정으로 해결되었으며 특히
평가식 조정방법이 사용된 것으로 분석된다.

채권자 J는 2013년 2월부터 2개월간 여러 차례에 걸쳐 총 1억 원을 이자 약정 없이
채무자 K에게 대여하였는데 채무자는 반환을 지체하고 있다. 여러 차례 대여금을
반환하지 않자 채권자는 채무자에게 차용증을 써 달라는 요청을 하여 채무자는 늦게서
차용증을 써서 2013년 말까지 변제할 것을 확인하고 날인하여 채권자에게 전달한 바
있다.

이러한 내용을 첨부하여 채권자 J는 2014년 2월 법원에 채무자에게 1억 원의
지급명령서를 발송하였고 채무자 K도 지급명령정본을 송달받고 이에 불복하는
이의신청을 하였다. K가 응답한 이의신청 사유는 피고가 운영하는 주식회사 나노램프가
개발하는 차세대 조명기기 '나노램프'가 개발되었을 때 나노램프의 외부구조물에 대한
생산권을 공유하여 사업하기로 하고 투자명목으로 지급하였다는 것이다.

2014년 7월에 조정회의가 개최되었다. J와 K는 학교 동창으로서 평소에 친분관계가
상당히 있었던 것으로 말하고 있다. 사업상 돈이 좀 필요하니 한 달만 쓰게 빌려달라며
K가 부탁하자 J가 친한 동창생이고 하니 차용증도 없이 빌려준 것인데 계속 받지 못하자
지급명령을 청구한 것이었다.

분리회의를 통해 양측의 사정을 들어보고 입장을 평가하고 양보를 독려하기도 하였다.
K는 차입금을 갚아야 한다는 것을 스스로 말할 정도로 채무관계를 상당부분 인정하고는
있지만 지금 사업도 어려운 상태이고 주거아파트의 집세도 못 내고 있는 형편이라 당장은
지급하기 어려움을 호소하고 있다. 반면 J는 수차례 지급약속을 받고도 전혀 대여금의
일부도 회수 못했고 심지어는 사업이 망하고 이사를 하는 날에는 주겠다고 한 약속을
지키지 않아 큰 어려움도 겪고 마음의 상처까지 입었다는 것이다.

조정인이 평가하기에는 채무자가 당장 지급할 여력이 없기 때문에 기간의 여유를 주고
지급할 수 있도록 기회를 주는 것이 필요하다고 J를 설득하였다. 채권자로서는 채무자를
전혀 믿지 못하는 상황에 있기 때문에 믿을 수 있는 가시적인 조치가 필요하기 때문에

초기에 채무자가 믿음을 줄 수 있는 극히 일부라도 상환하고 부담을 줄이기 위해 나머지 대여금을 분할 지급하는 게 어떠냐고 K를 설득하였다.

채권자에게는 채무자가 지불여력이 없고 강제집행할 물건도 없으니 원금이라도 갚을 기회를 주자고 설득했다. 못 받는 거보다는 기간이 걸려도 받을 희망이 있지 않느냐고 했다. 대법원까지 재판으로 간다면 몇 년이 더 걸리니 그 시간과 비용을 생각하면 분할로 받을 수 있는 것이 절대 손해가 아니다 라고 했다. 그리고 조정조서를 써서 합의하면 판결문과 같으니 채무자가 이행하지 않을 경우 나머지 대여금 금액에 대해 강제 지급효력을 발생시킬 수 있게 된다고 설명하였다. 여전히 채무자는 1000만원도 마련하기가 어렵다고 했으나 지금까지 약속을 지키지 못하여 채권자가 신뢰하지 못한다고 하니 빚을 내서라도 1000만원은 1달 기한 내에 갚음으로써 신뢰회복이 필요하다고 강조하였다.

그리하여 J와 K는 결국 서로 양보하는 방향으로 합의하여 다음과 같은 조정안을 받아들이고 서명하였다.

-채무자 K는 채권자 J에게 1억원을 15번으로 나누어 지급한다.

-채무자는 한 달 이내 1,000만원을 지급한다.

-합계 2회 지연되면 기한의 이익을 상실하며 미지급금 전액을 두 번째 지연된 날짜부터 년 10%의 지연이자를 지급해야 한다.

출처: 민사소송 사건의 조기조정을 실시한 사례.

4. 조정의 절차와 방법

조정의 유형이 조정인이 스타일에 따라 달라지고 조정 자체가 내적 유연성과 광범위한 적용성을 내포하고 있어서 조정은 과학(science)이라기보다 예술(art)에 가깝다.[58] 예술은 타고난 부분도 있긴 하지만 기본적 기술(technique)을 익혀서 창의성이 가미될 때 빛을 발하기 때문에 예술은 기본적 기술의 연마 위에서 가능하다. 마찬가지로 조정도 예술적 측면이 강하지만 기술적 분석을 토대로 완성될 수 있어서 조정이 진행되는 절차와 방법들을 살펴볼 필요가 있다.

조정을 기술적으로 이해하는 중요한 방법은 과정이 진행되는 절차와 각 단계별 기법들을 이해하는 것이다. 조정의 절차에 대한 모델은 4-5단계부터 10단계 이상까지 여러 가지가 있다. Kovac은 교육목적상 9단계 모델을 설정하고 당사자들, 분쟁성격, 조정 스타일에 따라 옵션으로 4가지 절차를 추가로 제시하고 있다.[59]

1. 사전 준비
2. 조정인 소개
3. 당사자 개시 발언
(옵션: 자유토론)
4. 정보수집
5. 쟁점과 이해관계 식별
(옵션: 아젠다 수립)
(옵션: 개별 회의)
6. 옵션 창출
(옵션: 현실 검증)
7. 교섭과 협상
8. 합의
9. 종결

각 단계별 해야 할 기법들을 요약하면 다음과 같다.

① 사전 준비

실제 조정이 시작되기 전에 일어나는 모든 것을 포함한다. 소개받은 문제, 조정테이블로 가기, 조정인 선택, 참석자, 수수료, 해결권한, 일정, 법원명령 등을 다루게 된다. 조정인으로서는 당사자들에게 조정인과 조정절차에 대한 정보를 알려줄 뿐만 아니라 당사자들이나 변호사들로부터 정보도 수집한다. 그 외 장소와 회의실의 선택, 가구의 배치 등도 사전 준비단계에서 다루어질 수 있다.

② 조정인 소개

조정인은 자신과 당사자 및 대리인들을 소개하고 과정을 설명하고 필요하면 기본규칙을 수립한다. 이렇게 함으로써 조정인은 당사자들이 편안한 시간을 제공하게 된다. 조정인 관점에서 목표를 설정할 수도 있다. 조정의 나머지 절차를 설정하여 알려주어야 한다.

③ 당사자 개시 발언

당사자들과 대리인들이 분쟁이나 사건에 대한 견해를 자유롭게 밝히는 기회를 가진다. 각자에게 이러한 기회가 주어지고 다른 상대편이나 조정인에 의해 간섭을 받지 않도록 하는 것이 중요하다. 이 개시 발언은 당사자들이 조정인과 상대방에게 자신의 언어로 분쟁에 대한 관점을 충분히 표현하고 설명하는 시간이다. 필요하다면 각자 발언에 시간제약을 둘 수도 있다.

④ 정보수집

개시 발언에서 보통 분명한 쟁점이 밝혀지지 않으면 조정인은 정보수집 과정에 당사자들을 끌어들이게 된다. 대부분 추가적인 정보가 필요하면 조정인은 개방형 질문을 활용해야 한다. 개시 발언이나 정보수집 단계에서 당사자들이 자신의 느낌을 표출할 필요도 있다. 이것을 감정표출(ventilation)이라고 하는데 당사자들이 자신의 좌절감, 화가 난 모습, 그 외 다른 감정을 표출할 기회를 허용하는 것이 중요하다. 그러한 감정이 표출되지 않으면 분쟁이 해결되지 않을 수도 있다.

⑤ 쟁점과 이해관계 식별

충분한 정보를 교환하였다면 분쟁의 쟁점이 무엇인지 식별해야 한다.

쟁점 식별은 당사자들의 기본적 이해관계를 식별하는 것과 유사할 수도 있고, 아닐 수도 있다.

⑥ 옵션 창출

조정인이 쟁점을 식별하고 나면 당사자들에게 사건을 해결할 아이디어, 옵션, 또는 대안을 창출하도록 권장해야 한다. 이 5번과 6번 단계에서는 조정인이 각 당사자들을 별도로 만날 수도 있다. 이러한 사적 회의를 분리회의(caucus)라고 한다. 그런데 당사자들과 조정인간에 쟁점에 대한 합의가 이루어지도록 합동으로 쟁점 식별을 시도할 것을 권장하기도 한다. 복잡할 때는 아젠다를 설정할 수도 있다. 말하자면 어떤 쟁점을 어떤 순서로 다룰지를 결정한다. 아젠다 설정에 다양한 전략이 활용되고 있다.

⑦ 교섭과 협상

해결의 잠재적 옵션을 만들고 나면 협상과정이 시작된다. 이것은 조정의 "주고받기 식(give and take)"이며 조정인은 당사자들의 협상에 도움을 준다. 이 과정의 일부로서 조정인은 "현실 검증(reality testing)"을 할 수도 있다. 이것은 당사자들이 희망하는 것을 달성할 현실적 가능성을 평가해보는 것을 말한다. 만약 당사자들이 완전히 입장교섭으로 접근하고 있다면 이 방법이 비현실적 입장으로부터 움직일 수 있게 도와줄 수 있다.

⑧ 합의

협상으로 합의를 이끌어낸다면 조정인은 합의를 적절히 고쳐서 문장을 만들고 완전한 합의문이나 해결의 각서를 작성하게 된다. 합의에 이르지 못하면 조정인은 당사자들이 어떤 위치에 있는지, 과정상 어떤 진척이 있는지를 알려준다.

⑨ 종결

조정의 마지막 단계는 종결이다. 조정인 측에서 후속 행동이 있을 수도 있지만 조정인은 마지막 종결을 선언하여 마무리한다.

기본적 모델은 이렇게 9단계로 이루어져 있지만 유연하게 디자인될 수 있으며 각 단계에서 변형들이 발생할 수도 있다. 어떤 단계는 중복되기도 하고 때로는 어떤 단계를 여러 번 다시 진행할 수도 있다.

표 4.2 유형별 조정 절차

기본 조정 절차1)	촉진식 조정2)	평가식 조정3)	변형식 조정4)
1.사전 준비	1.조정의 준비	1.조정의 준비	1.조정의 준비
2.조정인 소개	2.조정의 개시	2.조정의 개시	2.조정의 개시
3.당사자 개시발언	3.쟁점의 파악	3.당사자 주장 진술	3.당사자 갈등 진술
4.정보수집			
5.쟁점과 이해관계 식별	4.입장과 이해관계 식별	4.주장의 평가	4.상대방 인식 교환
6.옵션 창출	5.대안의 개발	5.약점부각, 양보권장	5.관계개선 소통
7.교섭과 협상	6.대안의 평가와 합의		
8.합의	7.합의서 작성	6.합의서 작성	7.합의서 작성
9.종결			

출처: 1) Kovac(2000), 31.
   2) Federal Mediation and Conciliation Service(1999), Patterson and Seabolt(2001), 59-62.
   3) Moffitt and Schneider(2014), 85; Frenkel and Stark(2012), 76-77의 내용을 토대로 작성하였다.
   4) Moffitt and Schneider(2014), 85; Frenkel and Stark(2012), 71-74의 내용을 토대로 작성하였다.

Kovac의 기본적 조정 절차를 중심으로 유형별 조정 절차가 어떻게 변형되어 실시되고 있는지 **표 4.2**에서 살펴보자. 여기서 유형별 조정 절차로 요약한 것은 여러 문헌에서 단계와 기법을 참고하여 정리하였다는 것을 밝혀둔다.

조정의 3가지 유형, 즉 촉진식, 평가식, 변형식 조정은 조정인의 스타일과 사건의 성격에 따라 선택되는데 중간에 진행과정은 상당히 다르지만 조정을 사전에 준비하고 조정을 개시하며 합의서를 작성하여 종결하는 처음과 마지막 부분의 절차는 같은 것으로 설정하였다. 물론 처음과 마지막 부분의 구체적인 내용은 당연히 유형별로 달리 구성될 수 있다.

촉진식 조정은 분쟁의 본질이 무엇인지를 알기 위해 쟁점을 파악해야 한다. 쟁점이 파악되고 나면 각 자가 주장하는 입장(position)을 확인하고 입장 속에 숨어 있는 이해관계(interest)를 알아내는 것이 필요하다. 촉진식 조정은 당사자들의 이해관계를 충족시키는 해결방안을 찾아내어 원원(win-win)의 결과를 도출하려는 조정이기 때문에 그 기초가 되는 내면의 관심인 이해관계를 식별하는 것이 매우 중요하다. 이해관계를 알아내었다면 이를 충족할 만한 다양한 대안들을 개발하는데 당사자들을 적극 참여시킨다. 여러 가지 대안이 개발되었다면 이를 평가할 기준을 선정하고 이를 적용하여 대안들을 평가하고 최적의 대안을 결정하면 된다. 이 때 최적의 대안이 당사자들의 이해관계를 최대한 충족시키는 것으로 인정한다면 서로 합의에 이를 수 있다. 그래서 합의한 내용을 토대로 합의서를 작성하고 종결하면 된다.

평가식 조정은 촉진식 조정과 달리 조정인이 당사자들의 관점과 입장에 대해 피드백을 주거나 가능한 합의안에 대한 방향을 제시함으로써 해결에 도움을 주고자 하는 조정이다. 이러한 평가와 제안은 법률이나 조정인의 전문적 지식이나 관련분야 경험에 토대하고 있다. 평가의 상당 부분

은 법률적 지식을 가진 조정인에 의한 법률적 평가이다. 당사자들의 입장
에 들어 있는 약점과 강점을 지적하고, 합의에 이르지 않을 경우 법원에서
결과를 예측하고, 특정 해결방안을 비평하거나 제안하는 것들이 그러한
법률적 평가에 포함된다. 평가가 사적으로 이루어지기 때문에 사실 촉진
식 조정보다 평가식 조정이 왕복외교(shuttle diplomacy)를 더 많이 이
용하는 경향이 있다. 평가에 기초해 합의를 이끌어 내기 위해서 당사자들
이 주장하는 바를 진술하게 하고, 그 주장에 내포되어 있는 약점과 강점을
평가한 후 약점을 부각시키고 양보를 권장하거나 타협에 이르도록 압박
하는 절차들이 핵심적으로 진행된다.

변형식 조정은 조정인이 당사자들의 권리를 옹호하거나, 이해관계를
충족시키거나, 합의를 도출하려는 것이 아니라 당사자들로 하여금 갈등
의 상호작용을 개선함으로써 당사자들 간의 갈등을 변형시키려고 하는
것이다.60) 상호 부정적인 인식을 개선하고 보다 건설적인 상호작용을 재
구축하려는 과정이 필요하다. 상호관계 자체가 중요하기 때문에 당사자
들이 적극적으로 진행절차를 책임지고 상호 인식을 개선하려는 것이 중
요하다. 그래서 위임(empowerment)과 인식(recognition)이 매우 중요
한 요소이다. 조정을 개시하고 나면 당사자들이 자유롭게 갈등상황에 대
해 진술하게 하고 상대방을 어떻게 인식하는지를 확인해보는 것이 필요
하다. 십중팔구 자신의 입장에서 본 상대방에 대한 잘못된 인식이 표출될
가능성이 높은데 서로 상대방에 대해 올바른 시각과 인식을 가지도록 조
정인이 지원해야 한다. 그리고 상호관계를 개선하기 위해 당사자들이 아
젠다를 정해서 소통하도록 조정인은 지원해야 한다. 상호 합의한 내용이
있다면 합의서를 작성할 수도 있지만 관계개선에 초점을 맞추어 합의서
를 작성하지 않고 종결할 수도 있다.

사례 4.2 댄스공연 분쟁 조정 사례

　　본 사례는 댄스공연회사와 해고당한 무용감독 간 분쟁을 조정한 사례이다. 일정한 부분은 촉진식 조정이지만 다른 부분은 평가식 조정이기도 하다. 그리고 변형식 조정까지는 아니더라도 당사자들의 관계회복을 위한 상당한 노력도 포함되어 있다.

1. 조정의 개시

　　조정인 M이 분쟁당사자인 J 무용감독(대리인 JJ 변호사)과 D 공연사대표(대리인 DD 변호사)를 확인하고 양측에 소개하였다. 조정인 M은 자신을 소개하고 조정의 목적과 과정에 대해 설명하였다. 특히 조정인은 조정과정 동안 조정인이 해야 할 역할, 즉 중립적인 자세를 취하고, 판단을 내리지 않고 당사자들이 스스로 결정하는데 도움을 주고, 자신이 취득한 비밀은 유지한다는 등을 강조하였다. 덧붙여서 조정인은 이미 양측이 소송을 준비하고 있다면 소송보다 양측 모두에게 더 나은 것이 무엇인지 함께 찾아보도록 하자는 부탁을 하였다.

2. 주장의 진술/쟁점의 파악

　　조정인은 먼저 양측 변호사님들로 하여금 사건에 대한 설명을 좀 해주도록 요청하였다. JJ는 J가 그 공연을 하고 싶어 했지만 계약기간 중간에 해고를 당해 더 이상 소득이 없는데 거기에 그녀의 업적까지 훔치려고 하고 있으니 이용당했다고 했다. J는 자신의 안무지도가 인정받지 못했다는 것은 회사에서 만족할 만한 수준의 젊고 유능한 안무가를 찾지 못했기 때문이라고 하였다.
　　DD는 J가 회사의 무용 감독으로서 혹은 회사 입장에서가 아니라 본인이 공연을 한다거나 자신의 방식대로 완성시키는 데에 더 신경을 쓴다고 주장하였다. D는 JJ가 회사의 방침을 아주 나쁘게 묘사한 것 자체가 불쾌하다면서 별도로 분리해서 조정할 것을 요구하였다. DD는 J가 계약서에 서명을 했고 고용기간동안 성취한 업무는 바로 D회사에 귀속된다고 계약서엔 분명히 명시가 되어있다고 주장하였다.
　　이로한 주장의 진술에서 조정인은 J의 해고가 정당하냐와 J가 만들어낸 미완성 안무작품이 회사 소유인지, J에게 여전히 있는지가 쟁점이라고 파악하였다. 이 기본 쟁점 속에 보다 구체적인 급여의 미지급분이라든가 공연수익의 분배는 종속적인 쟁점으로 포함되어 있다.
　　어떤 조정인은 오직 법에만 초점을 맞추거나 단순히 양측을 도와주어 법원에서 상황이 역전될 수 있다는 기대를 가지게 함으로써 사건을 해결하려고 한다. 다른 조정인은 법은 제쳐두고 양측이 절대적으로 관심이 있을 내용 속에서 합의점을 찾으려고 한다. 말하자면 전자는 평가식 조정이고 후자는 촉진식 조정이라고 분류할 수 있다. 평가식 조정에서는 법적 지위를 평가해봐야 하고 촉진식 조정에서는 이해관계를 파악해서 합의안을 만들어

내게 된다.

3. 양측 법적 지위의 평가

조정인은 양측이 소송으로 갔을 때 어떤 위험이 있을지를 평가해 주고자 하였다. JJ는 기본적으로 창조자가 소유자인데 피고용자를 위해 일했을 땐 일이 완성되어야만 소유권이 적용되기 때문에 완전히 완성되지 않은 업적에 소유권을 주장할 수 없다고 주장하였다. DD는 J가 한 일은 작업이 완료된 일이고 어쨌든 고용된 기간 동안 했던 일이고 회사의 댄서라는 위치가 회사의 소속이라고 하였다.

조정인은 JJ에게 아마 판사가 이 사건을 가능한 한 가장 좁은 법적 잣대로 보려고 한다면 JJ가 주장하는 예술적인 업적의 소유권을 인정받지 못하고 회사 편에 손을 들어줄 수도 있다고 하였다. 조정인은 DD에게 판사가 회사에서 더 설득력 있는 근거를 가졌다는 법적 기준을 제쳐두고 아티스트의 사례를 지지하는 결과가 나오길 바랄수도 있다고 하였다.

소송에 대한 평가는 양측이 소송의 실제적인 결과를 이해해야만 가능하다. 조정인의 법적 평가를 통해 양측이 소송에서 이길 것을 믿고 진행하지만 패소할 위험이 분명이 있음을 확인하게 되었다.

4. 입장의 식별과 이해

소송의 현실을 알려주고 M 조정인은 두 번째 대화로 들어간다. 서로를 이해하기 위해서 조정인은 양측에게 그들 변호사들과 함께 입장을 설명하고 자신의 역할을 바꿔보기를 권하였다. 조정인이 그렇게 하는 목적은 법적 위치라기보다 분쟁에 대한 그들 각자의 견해가 중요하다는 것을 일깨워주는 것이다.

D는 회사의 역사나 자원에 대해 이야기를 시작하면서 앙상블 작업얘기에 이르자 안무가를 지원하는 회사 미션에 소홀함이 있었음을 인정하였다. 회사가 없다면, 회사에 일정한 자금이 없다면 무용 자체가 존재할 수 없기 때문에 J가 앙상블 안무에만 너무 몰두해 회사의 명령을 따르지 않았다고 하였다.

이어서 J가 갈등의 상황을 설명하기 시작했다. J는 경비절약이 중요한 건 알지만 D와 회사가 기금을 마련해 오라고 하는 게 이해할 수 없다고 하였다. J가 더 견딜 수 없었던 것은 D는 J가 자기 자신만을 홍보하려 들려 했다고 몰아간 점이라 하였다. J는 댄스나 예술계에서 가장 중요한 건 작품의 질이라며 작품의 질이 떨어지면 기금이든 관객은 떨어져 나가게 된다 하였다.

5. 양측의 상호 이해

M조정인은 어느 한쪽이 다른 쪽보다 우월하다고 볼 수가 없다며 각자의 입장이 상대방에게 잘 전달이 되었는가를 확인해 보는 것이 필요하다고 하였다. 이는 상대방

의견에 동의를 하라는 것이 아니라 상대방 입장에서 상대방이 진실로 추구하는 것이 무엇인지를 말해보는 것이다. 이렇게 하는 것은 합의점의 바탕을 찾아보기 위해 스스로의 상황을 이해하는 것만큼 상대방의 입장도 이해를 해봄으로써 상호간에 용납할 수 있을 해결책을 찾아보자는 의미이다. 조정인은 상대방의 관점에서 그들에게 정말 중요한 게 무엇인지 이해해보고 그걸 말해 본다는 것인데 그것은 머리로 할 수 없고 가슴으로 해야 한다고 강조하였다.

이렇게 하여 J와 D는 조정인의 도움을 받아 상대방의 관점에 대해 그들이 이해한 내용을 서로에게 말해보았다. 오해가 있거나 잘못 이해한 부분이 있다면 이를 고쳐가면서 말하였다. 서로를 더 많이 이해할 수 있다고 해도 여전히 의견차는 존재한다.

6. 이해관계 파악

조정인은 양측의 이해관계 또는 관심을 잘 정리해야 한다. 이것은 후에 합의점을 찾아 해결을 할 때 그 기초로 쓰일 수 있기 때문이다. J가 원하는 사안은 일을 보장 받고, 본인의 작품에 대한 권리를 부여받는 것과 처음 입사당시 체결한 의무를 이행 할 수 있는 것, 작품을 마무리 할 수 있는 권한, 회사의 비전을 지원하는 것, 회사가 성공하는 것 등이라고 정리하였다.

D 관점, 즉 회사의 입장에서는 자금을 확보하는 것, 회사의 노력을 존중하고, 회사의 비전을 이행하는 것, 즉 예술가인 J와 협력하고 다른 안무가들도 도와주는 것과 회사의 문제는 회사 내에서 스스로 조정할 수 있도록 하는 것 등이라고 정리하였다.

7. 옵션 창출과 평가

조정인은 브레인스토밍을 하면서 서로가 원하는 바를 말하며 아이디어를 평가하지 않고 많은 옵션은 만들어 보자고 하였다. 다양한 옵션을 정리한 후 조정인은 양측이 제시한 아이디어가 파이를 부풀렸고 해결의 기회가 더 많아졌다고 긍정적으로 평가하였다. 조정인 옵션들을 4가지로 분류했다.
1) 작품
 - 안무를 끝내는 것
 - 예술적 통제권
 - 저작권
2) 회사와 J의 관계
 - J가 예술 감독으로서 작품을 완성시킴
 - J를 자문관으로 두는 것
 - 과도기간
 - J에게 작품을 위탁함
3) 새로운 프로그램
 - 무용가들에게 프로그램을 교습함

 - 안무가들에게 프로그램을 교습함
4) 보상

　조정인은 제시된 옵션들을 양측이 원하는 형태로 선택하고 결합하여 합의점으로 도달하기 시작하였다.

8. 합의도출과 종료

　조정인이 양측과 그들의 변호사와 함께 소송을 선택하는 것보다 더 나은 해결책을 찾으려고 노력하였다. 그래서 함께 도출한 합의안은 다음과 같다.
1) 자기 임무를 완성함
2) 공정한 보상
 - 4개월간 봉급 지급 (해고 1개월 + 감독 3개월)
 - 수익금의 일부를 회사에 넘기는 계약
 - 비독점적 저작권-시즌공연후 다른 무대공연 허용
3) 공연 후 관계
 - 파트타임 고문으로 임명 (새로운 안무가 발굴 프로젝트)
 - 35일 근무기간, 25,000불 보상
 - 성과가 만족스럽지 못하면 언제라도 어느 일방 관계정리 가능

출처: 미국에서 사적조정을 실시한 사례를 각색하였다.

제5장 조정의 기초 스킬

　조정을 효과적으로 잘하기 위해서 관련된 많은 기초적인 스킬들이 있다. 물론 이 스킬들은 아이스 브레이킹, 그라운드 룰, 적극적 듣기, 브레인스토밍, 합의도출기술 등 회의를 원만하게 하고 문제를 해결하기 위해 필요한 기술들이지만 조정에도 매우 유익하게 활용되는 기술들이다. 그래서 여기서는 조정의 기초 스킬이라는 명칭으로 사용하며 소개한다.

1. 아이스 브레이킹

　먼저 아이스 브레이킹은 영어로 ice-breaking이라는 말로서 '얼음을 깬다'라는 의미를 가지는 단어이다. 아이스 브레이킹은 어떤 처음에 만나는 회의나 분위기가 서먹서먹하게 되었을 경우 분위기를 부드럽게 하기 위해서 사용하는 기법을 지칭한다. 회의에서는 서로 잘 모르는 촉진자와 참가자가 서로의 이름을 알고 서로의 스타일에 친밀해지고 서로의 가치와 욕구를 인식하는 기회가 된다.

　참석하는 사람들의 이름과 직무 등을 소개할 수도 있고 날씨나 음식, 운동, 취미 등 일상생활 이야기를 가볍게 할 수도 있다. 또는 회의에서 진행자가 어떤 질문을 하여 답을 하도록 한다거나, 재미있는 이야기를 들려준다거나, 게임을 하여 아이스 브레이킹을 할 수도 있다. 아이스 브레이킹을 연습하기 위한 한 방법으로는 3-5명으로 분임조를 편성하고 조별로 한 사람씩 돌아가며 진행자가 되어 아이스 브레이킹을 실시하는 것이다. 진행자는 회의 시작 시 아이스 브레이킹하는 자신의 방법을 설명하고 진행한다. 모든 조원이 진행하고 난 다음 결과를 전체회의에 발표하여 어떤 방법과 어떤 결과가 있었는지 서로 알아볼 수 있다.

아이스 브레이킹이 조정에서 어떻게 활용될까? 조정에서 당사자들은 약간 긴장된 상황으로 들어가는 특성이 있다. 그래서 가능한 한 긴장을 풀어주고 서로 적대적인 감정이나 경계심을 풀어서 부드럽게 시작하는 것이 필요하다. 조정인은 본격적인 조정을 시작하기 전에 당사자들의 일반적인 사항들을 알고 친근감을 가지게 한다거나, 서로 덕담을 하여 긴장을 풀고 워밍업을 함으로써 부드럽게 시작할 수 있도록 분위기를 조성할 필요가 있다. 이렇게 함으로써 조정에 임하는 당사자들이 긴장을 풀고 조정을 시작하는 효과를 가진다.

2. 그라운드 룰

그라운드 룰은 영어로 ground rule로 표기되는데 '기본 규칙'이라는 의미를 가지는 단어이다. 그라운드 룰은 구성원들의 행동을 규제할 기대를 설정하는 것이다. 이 또한 회의를 시작하는 부분에서 사용되는 것이 적절한데 회의가 진행되더라도 필요하면 중간에 구성원들의 합의 하에 설정할 수도 있다. 그라운드 룰을 설정할 때는 반드시 모든 참여자가 동의하여 결정해야 한다. 그렇지 않으면 그 규칙을 준수할 마음이 덜 생길 수도 있다. 그라운드 룰의 사례로는 다음과 같은 문장들이 있을 수 있다.

　-남의 의견에 비판하지 않는다.
　-남의 의견을 판단하지 말라.
　-어떤 의견도 표현하게 하라.
　-의견은 많을수록 좋다.

-자유롭게 상상하라.

-모든 아이디어를 기록하라.

실습을 하여 그라운드 룰을 익힐 수 있다. 3-5명으로 분임조를 편성하고 조별로 주어진 상황에 대해 그라운드 룰을 수립하도록 한다. 5개 이상 10개 미만의 그라운드 룰을 만들어 전체 회의에서 발표하는 실습을 할 수 있다.

사례 5.1 그라운드 룰 실습 사례

주제: 가족회의 그라운드 룰

봉수(15살 중2)는 컴퓨터 게임에 몰두해서 숙제도 하지 않고 식사도 걸러기 일쑤고 선영(12살 초5)도 매일 밤늦게까지 드라마에 심취해 공부에 소홀하여 부모가 매우 화가 나서 혼내기도 하고 아이들은 또 반항하기도 하고 자식교육 잘 못 시킨다고 부부 싸움도 하곤 한다. 이제 가족회의를 통해 문제를 해결하려고 하는데 필요한 그라운드 룰을 수립해보라.

---

3. 적극적 듣기

적극적 듣기는 영어로 active listening의 번역어로서 어떤 번역에서는 능동적 듣기라고도 번역하기도 어떤 경우에는 경청 또는 적극적 경청 등 다양한 말이 동의어로서 사용되고 있다. 적극적 듣기를 처음 사용한 곳은 Carl Rogers와 Richard Farson의 1957년 저서 Active Listening이라는 소책자이다.[61] 이후 Thomas Gordon이 리더와 부모 교육에서 적극적으로 사용하며 확산되었다.[62] 적극적 듣기란 말하는 사람의 모든 커뮤니케이션(생각과 느낌 포함)을 재진술(Restatement)하는 것을 의미하는

데 말하는 사람이 전해주는 모든 메시지를 이해하고 바꾸어 말해보기를 지칭한다.[63] 적극적 듣기는 이야기를 듣는 동안 말하는 사람에게 주의와 인정을 보내주고 말하는 메시지에 대해 진정한 관심과 열정을 보여주는 의미를 내포하고 있다. 이렇게 말하는 상대방에게 주의와 관심을 보여주는 것은 상대방으로 하여금 자신이 인정과 관심을 받고 듣는 사람이 공감을 하고 있다는 느낌을 가지도록 한다.[64]

적극적 듣기는 4단계로 진행된다. 1단계 수신하기(Receiving), 2단계 이해하기(Understanding), 3단계 평가하기(Evaluating), 4단계 반응하기(Responding)로 진행되는데 적극적 듣기는 특히 2~4단계를 지칭하고 1단계는 소극적 듣기(passive listening), 들리기(hearing)로 적극적 듣기의 전 단계에 해당한다.[65]

그림 5.1 적극적 듣기 4단계

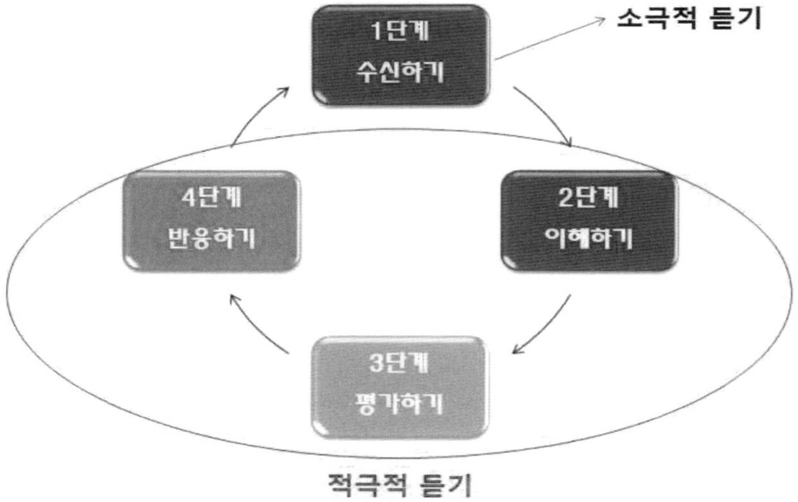

적극적 듣기를 측정하는 흥미로운 모형이 있다. 스티븐 코비(Stephen R. Covey)가 듣기의 수준을 임의적이긴 하지만 5수준으로 구분하여 다음과 같이 수준별로 나눈다.[66]

1수준: 무시 혹은 회피
　전혀 주의를 기울이지 않거나 듣기를 회피함
2수준: 듣기를 가장
　"예", "그렇습니까" 등 반응하지만, 실제로는 듣고 있지 않음
3수준: 선택적 듣기
　상대방의 발언 중 관심 있는 부분에만 주의를 기울이고, 그렇지 않으면 다른 생각을 함
4수준: 주의 깊은 듣기
　상대방 발언의 단어 하나하나를 놓치지 않고 들으며, 특히 발언의 내용에 주의를 기울임
5수준: 적극적 듣기
　상대방 발언의 내용, 의미, 숨겨진 감정, 의도 등을 최대한 깊이 이해하기 위하여 성의를 다해 경청함

여기 매우 중요한 개념은 패러다임의 구분이다. 1수준에서 4수준까지는 자신의 패러다임에서 듣기의 정도를 평가해보는 것 것이지만 5수준은 상대방의 패러다임에서 듣게 된다는 차이가 있다. 다시 말하자면 4수준까지 자기중심적으로 듣지만 5수준에서는 자신이 충분히 이해했다는 것을 말하는 상대방에게 알려줌으로써 말하는 사람이 듣는 사람이 교감하고 있음을 알게 되는 상대방 중심의 커뮤니케이션 경지에 이른 것이다.

환한 미소를 짓는 아들은 베개 아래 손을 넣더니 꼬깃꼬깃한 지폐 몇 장을 꺼내는
것이었습니다. 아들은 천천히 돈을 세어 보더니, 아버지를 쳐다보았습니다. 아버지는
아들이 벌써 돈을 가지고 있었던 것을 보고 다시 화가 나기 시작했습니다.
아빠: "돈이 있으면서 왜 더 달라고 한 거냐?"

아버지는 불쾌한 목소리로 말했습니다.
아빠: "실망스럽구나."
아들: "왜냐면... 모자랐거든요. 그치만 이젠 됐어요."
    "가지 마세요, 아빠. 저 이젠 2만원 있어요."
    "아빠의 시간을 한 시간만 살 수 있을까요?"
    "내일은 조금만 일찍 집에 돌아와 주세요..."
    "아빠랑 저녁을 같이 먹고 싶어요... 네?"

(출처: '만원만 빌려주시겠어요' 라는 감성비디오를 참조하였음)

적극적 듣기는 구체적으로 어떻게 하는 것인가? 말하는 사람이 매우
흡족할 정도로 들어주기 위해 필요한 것들을 하면 된다. 듣는 사람이 할
수 있는 말과 행동을 분류해보면 다음과 같다.

① 몸짓 언어

몸짓 언어는 body language의 한글 표현으로서 눈 맞춤, 몸의 자세,
고개를 끄덕임, 얼굴표정, 제스처 등 듣는 사람이 몸으로 표현하는 모든
행동을 말한다. 상대방을 정면으로 바라보고, 몸의 자세를 바로하고, 열
심히 듣고 있는 얼굴이나 제스처를 취하는 것이야말로 적극적 듣기의 가
장 기본이 된다.

② 반응 보이기

말하는 사람은 듣는 사람이 어떤 형태로든 반응을 보일 때 계속 말하고
싶은 마음이 생긴다. 앞에서 말한 몸짓 언어는 비언어적 형태의 반응이다.
언어를 통한 반응도 똑같이 중요한 피드백이 된다. 예를 들어 '예' '아니
오' '하하하' '저런' '어떻게' '맞아요' '알아요' '몰라요' 등 주로 단답형의

말이나 웃음, 애통, 슬픔, 환호 등 감정의 표현이 이에 해당한다. 가장 높은 경지는 감정이입(empathy)를 보이는 것인데 말하는 사람의 감정을 그대로 공감해서 같은 감정표현을 하는 것이다. 예를 들어 슬픈 이야기를 할 때는 슬픈 표정이나 반응을, 기쁜 이야기를 할 때는 기쁜 표정이나 반응을 보이는 것이다. 반응에서 유의할 사항은 상대방의 발언이 거슬리더라도 감정적으로 반응하지 않는 것이다. 듣는 사람이 감정적으로 반응을 하면 말하는 사람도 감정적이 되어 감정의 상승작용으로 대화 분위기가 악화될 가능성이 높다.

③ 관심을 보이기

말하는 사람에게 관심을 보여주는 것은 매우 중요하다. 관심을 보이는 것은 말하는 사람에게 듣고자 하는 의사가 분명히 있음을 표출하는 것이다. 앞에서 제시한 몸짓을 하고 좋은 반응을 보이는 것도 관심을 보이는 한 부분이긴 하지만 대화의 분위기를 만들어가지 위해서 말을 계속하도록 관심의 질문을 하는 것이 효과적이다. 이야기하는 사람이 계속 이야기하도록 격려해줄 필요가 있다. 예를 들어 "그거 정말 흥미롭군요. 그 다음은 어떻게 되었는데요?" 같은 말로 관심을 표현하는 질문을 하는 것이다. 그래서 말하는 상대방의 발언과 관련된 질문을 하는 것은 그 사람에게 관심을 보이는 좋은 방법이다.

④ 상대방을 이해하기

듣는 사람은 흔히 자기 위주로 말하는 사람의 말을 해석하고 판단하려는 경향이 있다. 이것은 누구에게나 나타날 수 있는 현상이지만 상대방의 시각에서 생각하도록 노력하고 상대방을 이해하는 것은 대화를 원만하게 이끌어가는 비결이 된다. 그러기 위해서는 상대방의 말을 판단을 하거나 해결책을 제시하지 말아야 한다. 상대방 말이 옳고 그름에 대한 평가는 뒤로 미루어 적당한 시기에 하면 된다.

⑤ 상대방을 존중하기

말을 하는 사람을 말을 존중하는 것은 곧 그 사람을 존중하는 것과 같다. 대화에서 말하는 사람의 말을 존중하는 것은 말하는 사람에게 만족감을 주고 편하게 말할 수 있는 기회를 제공하여 좋은 대화분위기를 만들 수 있다. 말하는 사람이 충분히 자신의 말을 할 수 있도록 기회를 주어야 한다. 특히 주의할 점은 상대방이 말하는 도중에 말참견을 한다든가 발언의 주제를 바꾸려 하는 것은 삼가야 한다. 누구라도 자신이 열심히 말하는 도중에 흐름을 끊는 말참견을 한다거나 갑자기 다른 주제의 이야기로 바꾸는 것은 매우 기분이 나쁜 행동이라 대화가 어려워진다.

⑥ 내용을 파악하기

커뮤니케이션의 제일 중요한 부분은 메시지의 내용이라 해도 과언이 아니다. 메시지의 내용은 정보, 의견, 감정으로 구성되어 있는데 이들 내용을 잘 파악하고 있음을 말하는 사람에게 피드백 해 주어야 하고 충분히 파악한 것인지 확인을 해야 한다. 내용파악의 확인 방법으로는 다음의 몇 가지 기법들이 효과적이다.

[반복과 재해석]

상대방의 말을 이해하고 있다는 것을 보여주기 위해서는 그 말을 바꾸어서 설명할 수 있도록 노력하는 것이 필요하다. 말하자면 말하는 내용을 그대로 반복한다거나 재해석하여 상대방에게 확인하는 것이다. 느낌에 대한 이해가 중요한 경우 다음과 같은 재해석을 통해 상대방의 감정을 인지하고 있음을 확인하는 것이 필요하다. "당신은 불쾌하게 느끼시는 군요". "그 때문에 정말 화나 있군요."

[명확히 하기]

상대방의 말을 명확하게 이해했다는 것을 확인하기 위해서는 추가적인 사실들을 알아내는 것이다. 모든 측면을 탐색하고, 의미를 체크하고 해석하여 상대방의 말을 명확하게 해야 한다. 예를 들어 다음과 같은 표현을 하여 명확히 할 필요가 있다. "당신이 의미하는 바는 제품의 하지가 있다는 뜻이군요." "제가 이해하기로는 승소하기가 어렵다는 말인 것 같은데, 맞나요?"

[말을 요약하기]

상대방이 말을 길게 늘여서 이야기했을 때 상대방의 말이나 느낌을 요약하여 핵심을 파악하고 있음을 보여줄 필요도 있다. 예를 들어 다음의 문장으로 말을 한다면 말을 요약하는 방법이 된다. "이것이 부장님이 표현하신 아이디어입니다. 맞나요?""제가 만약 선생님이 하신 말씀을 제대로 이해했다면 이렇게 말할 수 있겠군요."

적극적 듣기를 함으로써 얻는 기대효과는 방법의 소개에서 예상할 수 있듯이 커뮤니케이션에서 매우 긍정적인 기여를 한다는 것이다. 이해하고 존중해 줌으로써 말을 하는 상대방이 중요하다는 느낌을 주고, 메시지 내용을 반복하고 관심을 표명함으로써 말하는 사람에게 좋은 느낌을 주고, 메시지 내용을 요약함으로써 듣는 사람의 진정한 이해를 나타내며, 듣는 사람이 말하는 사람에게 관심을 가지고 말을 이해함으로써 상호 신뢰를 가지는 긍정적인 효과를 기대할 수 있다. 이러한 기대효과가 현실에서 나타나면 어떤 종류의 커뮤니케이션도 매우 훌륭한 결과를 만들어낼 수 있다.

┌───┐
사례 5.3 적극적 듣기 사례

사례 1.
화자: 이 복잡한 문제를 어떻게 해결할지 모르겠습니다.
청자: 이 문제를 어떻게 풀어야 할지 몰라 정말 힘들어 하시군요.

사례 2.
화자: 지금 그 문제에 대해 제발 제게 묻지 마세요.
청자: 지금 많이 바쁘신 상황이군요.

사례 3.
화자: 오늘 회의는 아무 소득이 없어요.
청자: 우리 회의에 대해 많이 실망하시군요.

출처: Gordon(1977); Lewicki, et al.(1994), 195.
└───┘

4. 브레인스토밍

브레인스토밍은 영어 Brainstorming을 발음나는 그대로 표기한 외래어이다. 두 단어인 두뇌(brain)과 폭풍(storming)이 결합된 말로서 말 그대로 해석하면 두뇌를 폭풍으로 강타한다는 의미이다. 브레인스토밍의 사전적인 의미를 보자면 갑작스런 또는 번뜩이는 아이디어, 강렬하고 일시적인 생각, 혹은 무모한 아이디어로 해석할 수 있다. 브레인스토밍은 그룹에 의해 아이디어가 자유롭게 표현되도록 자극하는 테크닉이며 집단적인 창의성 개발이나 다양한 아이디어 수집을 위해 활용되는 현대적 기법이다. 브레인스토밍은 새로운 사용되지 않는 아이디어를 표면에 나타내도록 하고 많은 선택을 만들고 시너지를 장려하고 비판을 억제하도록 작동한다.[67]

브레인스토밍을 하는 방법은 자유토론식과 라운드로빈(round-robin)식이 있다. 자유토론식이란 아이디어가 있으면 누구나 언제든지 제안한

고 구성원들이 자유롭게 이야기하면 이를 기록하는 방식이다. 자유롭게
아이디어가 나오지 않을 경우에는 라운드로빈식을 사용하게 되는데 이는
구성원들이 번갈아 가면서 교대로 아이디어를 제안하며 자기 차례를 건
너뛸 수도 있는 방식이다. 브레인스토밍이 잘 진행되기 위해서 지켜야할
기본규칙을 소개하면 다음과 같다.

사례 5.4 브레인스토밍의 기본규칙

-비판하지 말라.
-판단하지 말라.
-자유롭게 상상하라.
-어떤 의견도 표현하게 하라.
-의견은 많을수록 좋다.
-모든 아이디어를 기록하라.

브레인스토밍을 실습하는 예제로는 다음 사항을 활용하여 브레인스토
밍을 해볼 수 있다.

사례 5.5 브레인스토밍 실습사례

>실습 진행방법
 -3-5명으로 분임조 편성
 -조별로 주어진 상황에 대해 해결하기 위한 대안들을 브레인스토밍을 통해 작성
 -5개 이상 10개 미만의 대안을 만들어 전체 회의에서 발표

>상황
같은 아파트에 사는 친한 세 집이 8월 *일 토요일 오전 9시에 모여 홍천에 물놀이를 가기로
하였다. 당일 새벽부터 비가 오기 시작했고 일기예보로는 오후 늦게나 개일 것이라 한다.
8시 반에 어른들 6명이 모여 어떻게 할 것인가 의논하고 있다.

>과제
브레인스토밍을 이용하여 홍천 물놀이 소풍의 대처방안을 마련해 보라.

제3부 조정의 전문 역량

제6장 조정의 핵심 기법

조정을 효과적으로 실행하기 위해 조정스타일과 조정절차를 알아야할 뿐 아니라 각각 단계별로 구사해야할 기법들을 잘 익혀야 한다. 먼저 절차와 관련하여 유익한 기법들이 많이 있지만 중요하고 꼭 해야만 할 기법들 중심으로 선별하여 소개하고자 한다. 여기서는 다음과 같은 7가지 기법을 중점적으로 설명하려 한다.

- -조정인 소개
- -당사자 진술
- -정보 수집
- -쟁점 식별
- -이해관계 식별
- -분리회의
- -아젠다 설정
- -대안의 개발과 선택
- -제안의 개발과 전달

1. 조정인 소개

조정인 소개는 전체 조정회의의 톤과 방향을 설정하게 된다.[68] 조정인이 참가자와 신뢰를 형성해가기 시작하는 주요 방편이 바로 조정인 소개이다. 참가자들이 정보를 공유하고 토론을 하며 조정인으로 하여금 협상을 계속 촉진하도록 허락한다면 신뢰가 구축되었음이 분명하다. 조정인에게는 조정에 대해 충분히 경험하고 잘 알고 있지만 대부분의 당사자들은 조정이 처음이기 때문에 조정인이 소개를 생략하거나 일률적인 톤으로, 지루하듯이 진행하는 것은 금물이다. 그래서 조정인은 소개에 어느 정도 시간을 할애해야 하고 관심과 열정으로 조정을 시작한다는 것을 보여주어야 한다.

조정인 소개의 스타일은 매우 다양하다. 예를 들어 가족문제의 경우 정서적으로 편안하게 하고 신뢰를 쌓을 수 있는 점을 강조하고 건설문제의 경우 직접적이고 영업적인 톤으로 할 수도 있다. 다만 조정인의 소개는 연설이나 법적 절차보다는 대화 형태를 띠는 것이 좋다. 또한 조정인은 열정적이고 긍정적인 태도를 보이면서 조정회의를 시작하는 것이 좋다.

이제 조정인 소개에 포함해야 할 요소들을 설명하고자 한다. 먼저 조정 테이블에 앉아 있는 모든 참가자들을 소개해야 한다. 대부분의 경우에는 당사자들은 스스로 자신을 소개하고 소속을 밝히고 해당 문제를 해결할 적법한 권한이 있음을 확인해 주어야 한다. 조정의 합의, 법적 대표권, 비밀보장합의 등 문서들이 조정회의 이전에 확정해야 한다.

그 다음 조정인은 조정과정에 대해 설명을 해야 한다. 당사자들이 절차의 특성에 대해 잘 이해하도록 조정절차에 대한 적절한 설명이 필요하다. 특히 조정절차의 이점에 대한 일반적 논의가 소개할 때에 이루어지는 것이 좋다. 조정인의 역할은 당사자들로 하여금 만족스러운 해결 방향으로 갈 수 있도록 촉진하는 것이다. 당사자들로부터 상호 경청하고 해결의 다양한 옵션을 개발하는 확고한 약속을 받아내는 것은 긍정적인 톤을 만들어내는 데에 큰 도움을 주고 있다. 이러한 태도로 조정인은 모든 당사자들로부터 협력과 성실한 참여(good faith participation)에 대한 약속까지 이끌어낼 수 있다.

조정과정을 설명하고 난 다음 조정인의 자신의 역할에 대해 설명해야한다. 이렇게 함으로써 당사자들은 조정인이 무엇을 할지에 대해 명확하게 이해할 수 있다. 어떤 조정인은 판사가 아니며 사실관계조사 같은 것을하지 않는다는 말로 역할을 설명하기도 하고 또 어떤 조정인은 의사소통지원, 협상촉진, 합의영역 지적, 해결대안 탐색 같은 행동으로 역할을 설명하기도 한다. 물론 다른 조정인은 두 가지 분류의 역할을 모두 소개하기도 한다.

다음 조정인은 간단한 절차적 개요를 설명해 주는 것이 좋다. 개회 발언을 어떻게 하고, 분리회의로 어떻게 움직이는지, 함께 정보를 교환하기위해 남아 있어야 하는지, 외부 문서나 개인을 참여시킬지를 설명하는것이다. 그 다음 특별한 기본 규칙을 설명해야 한다. 말하자면 말할 때방해하지 않고, 시간제한을 설정하고, 비밀에 대한 약속을 지키는 것들을포함한다. 또한 분리회의의 특성에 대해서도 설명한다. 그 외에 점심, 휴식, 주차, 전화, 팩스 등 기타 관리상 안내도 필요하다.

사례 6.1 조정인 개시발언 사례

"안녕하세요, H님과 S님. 제 이름은 R입니다. 저는 두 분 사건의 조정을 맡은조정인이고요 두 분이 쟁점을 토론하고 해결하는데 도와드리고자 합니다. 저는 현재K협회의 조정인으로 일하고 많은 사람들의 문제해결에 대한 풍부한 경험을 가지고있습니다.

오늘 여기에 오셔서 스스로 토론하기 어려웠던 쟁점에 대해 합의를 만들고자노력하는 두 분에게 축하를 드립니다. 스스로의 결정에 책임을 지고자 하는 확고한표시를 두 분께서 하십니다.

조정회의를 통해 두 분의 요구사항과 이해를 충족시키는 공동 해결방안을 같이모색할 것입니다. 조정인으로서 제 역할은 두 분이 말하고자 하는 문제나 쟁점을식별하고, 충족되어야 할 욕구를 명확히 하고, 목표에 도달할 문제해결과정을 개발하고,두 분의 바람직한 새로운 관계를 형성하는데 도와드리는 것입니다.

조정이란 자발적인 과정으로서 스스로 문제의 해결방안을 찾고 미래의 새로운 관계를

2. 당사자 진술

조정인의 소개가 끝나면 당사자들의 분쟁에 대한 개회 진술(opening statement)을 들을 차례이다.[69] 분쟁에 대해 그 전에 수집한 정보를 토대로 만들어진 가정을 그대로 적용해서는 아니 되며 당사자가 직접 하는 말을 잘 들어보아야 한다. 조정인은 당사자들에게 서로 상대방의 말을 경청하기를 권장하는 방법으로서 이러한 점을 강조한다. 당사자들이 개회사로서 하는 진술이 모든 참여자들에게 정보수집과정에 참여하는 기회를 제공하고 있다는 점을 언급할 필요가 있다.

만약 법정 소송에 들어가 있는 사건의 경우 소송절차와 같이 원고에게 먼저 개회 진술을 하도록 한다. 소송사건이 아니라면 불평을 제기하고 분쟁해결을 요구하는 당사자부터 먼저 진술을 하도록 한다. 주로 당사자들 중 한 쪽이 조정회의에 문제를 들고 온 장본인이 있기 마련인데 그 당사자부터 개회 진술을 먼저 하는 것이 적절하다.

개회사로서 발언은 사건의 성격에 국한할 필요가 없고 당사자들 간 분쟁의 모든 분야에 열려져 있어야 한다. 쟁점과 이해관계 뿐만 아니라 갈등의 기본적 원인까지도 포함해서 진술하도록 허용한다. 그래서 조정인은 "오늘 어떤 일로 조정회의에 오셨는지 말씀해 주시지요." 라고 말하며 광범위한 정보요구로 시작하는 것이 좋다.

개회 진술은 당사자들이 상대방의 관점으로부터 사건의 자유로운 진술을 실제 들을 수 있는 첫 번째 시간이다. 또한 개회 진술은 당사자들이 사건에 대한 자신의 인식을 자유롭게 발언할 수 있는 기회이기도 하다. 조정인은 참을성을 보이고 경청스킬을 모델로 보여주어야 한다. 경청스킬은 다른 당사자들도 경청하도록 권장하는 행동으로서 매우 중요하다.

한 당사자가 개회 진술을 할 때 조정인도 다른 당사자도 말이 끝날 때까지 방해해서는 아니 된다. 발언을 하는 당사자는 바람직한 태도와 모양으로 사건을 진술하도록 해야 한다. 만약 발언이 혼돈스럽거나, 다른 당사자가 방해하기 시작하거나, 부정적인 의견교환으로 소란스러워질 때 조정인이 개입해서 통제해야 한다. 이 때 조정인은 기본규칙과 절차를 상기시킬 필요가 있다. 이런 경우를 제외하고는 개회 진술은 방해받지 않고 진행되어야 한다.

개회 진술에서 감정표출(ventilation), 즉 화를 내거나 좌절이나 다른 감정을 표출하는 것은 조정과정의 일부이고 권장되어야 한다. 그러나 조정인은 그러한 감정표출이 상대방을 직접 공격하도록 허용해서는 아니 된다. 감정표출이 파괴적이지 않도록 조정인은 상황을 잘 통제해야 한다.

3. 정보의 수집

당사자들의 개회진술에서 정보를 수집할 수 있지만 그 정보가 불충분할 경우가 많아서 여전히 추가적인 정보를 필요로 할 때가 많다.[70) 조정인은 당사자들에게 사건의 모든 정보가 공유된 것은 아니라는 점을 상기시키며 추가적인 정보수집의 필요성을 말해주어야 한다. 소송사건이 걸려 있는 경우 당사자들과 변호사들은 어떤 정보를 숨기려할 수도 있다. 조정인이 모든 정보를 요구해서는 아니 되지만 당사자들을 도와서 분쟁해결을 도와주기 위해 개회진술 이외의 필요한 추가적인 정보를 수집할 필요가 있다.

당사자들이 쟁점과 해결방안에 집중하기 시작하면 추가적인 정보의 공유를 싫어한다. 당사자들은 더 이상 듣기를 중지하고 입장 속으로 들어가게 된다. 따라서 정보 교환은 조정의 초기단계에서 이루어져야 하고 조정인과 참여자들 모두 질문과 명확화를 통해 정보를 수집해야 한다.

조정인은 당사자들로부터 정보를 계속 수집해야 한다. 정보수집은 어떤 혼동 요소나 쟁점을 명확하게 하고 이해하기 위해서 필요하다. 당사자들이 추가적 정보를 공개하도록 장려하기 위해 어떤 분쟁의 문제에 대해 불확실한 것처럼 행동할 수도 있다.

조정인은 분쟁의 초점을 너무 일찍 좁혀서는 아니 된다. 조정인은 논쟁의 주요 분야와 상호 또는 공유된 이해관계에 초점을 맞추게 된다. 일반정보를 알아내기 위해서는 개방형 질문(open-ended question)을 많이 사용한다. 당사자들 간 상호 합의분야를 탐색하는 개방형 질문이 이 단계에서 필요하다. 분쟁의 배경과 역사적 정보를 추구하는 것은 상호관심영역과 중첩된 이해관계를 찾아내는데 도움이 된다.

정보수집단계에서 조정인은 요약하고 재구성하는 것도 필요하다. 이 단계에서는 중립적인 언어를 사용하면서 합의 영역을 바꾸어 말해보고 상호 이해관계 영역을 지적해줄 수 있다.

개방형 질문의 예를 제시하면 다음과 같다.

"...에 대해 좀 더 말해주세요."

“…을 설명해 줄 수 있나요?”

“…에 대해 좀 더 설명해 주세요.”

“…할 때 당신은 어떤 느낌을 가졌습니까?”

“무슨 일이 일어났나요?”

“…에 관련된 다른 어떤 것이 또 있습니까?”

4. 쟁점 식별

　조정인이 분쟁에 대한 정보를 충분히 수집했다면 핵심 쟁점이 무엇인지 알아내어야 한다. 이를 쟁점 식별(issue identification)이라 한다.[71] 쟁점이란 논쟁의 유력한 포인트이며 협상의 대상으로서 당사자들이 공개적으로 토론을 하고자 하는 항목이다. 대부분 당사자들은 기본적인 쟁점이나 이해관계를 가지고 있다. 하지만 그러한 문제들은 이 단계에서 쉽게 공개되거나 식별되지 않는다. 그래서 조정인은 먼저 주요 쟁점을 식별하고 재진술하는데 초점을 맞추어야 한다.

　조정인은 당사자들이 서로 명백한 적개심을 가지지 않도록 권유한다. 쟁점을 식별할 때 쟁점이 무엇인지에 대해 상호 합의가 있어야 하거나, 또는 최소한 의견불일치가 있다는 인식에는 합의가 있어야 한다. 쟁점을 공개적으로 파악하기 어려운 상황이라면 분리회의를 통해 알아낼 수는 있지만 쟁점이 무엇인지에 대한 오해나 불일치가 있을 수 있다는 위험이 있다. 한 당사자와의 분리회의에서 나온 쟁점은 다른 당사자와의 분리회의에서 나온 쟁점과 다를 수 있다. 합동회의에서 서로 다른 쟁점들이 나올 때 당사자들은 상대방의 서로 다른 쟁점이 존재한다는 것을 이해할 수 있다.

분리회의에서 쟁점을 식별하게 된다면 조정인은 몇 가지 유의해야할 사항들이 있다. 쟁점은 각자의 관점에서 설명할 필요가 있는데 서로 적대적이어서 상대방 말을 듣지 않으려 할 때는 조정인이 최대한 중립적인 관점에서 소통하도록 해야 한다. 한 당사자에게 상대방의 입장을 고려하도록 중립적인 문장으로 재구성해서 전달해야 한다. 또한 한 당사자와 분리회의에서 쟁점을 논의하는 것이 다른 당사자에게 공개되는 것이 아니라서 쟁점으로 선정하기 어려움이 있다. 정말 그 쟁점을 해결할 생각이 있다면 제시한 당사자로 하여금 상대 당사자에게 공개하도록 권장할 필요가 있다.

일단 쟁점이 식별되었다면 조정인은 당사자들에게 다양한 잠재적 해결 방안이 열려 있다는 태도로 쟁점을 재정리하고 재구성해야 한다. 이러한 쟁점과 이해관계의 중첩이나 잠재적 합의 영역을 결정하기 위해 경청기술을 활용해야 한다. 쟁점을 재구성하고 재진술하는 스킬은 조정을 진척시키는데 도움이 된다.

5. 이해관계 식별

당사자들은 쟁점에 대한 요구사항이나 입장이 있게 마련인데 이것은 표면적인 이유이고 내면적으로 그렇게 요구하는 진정한 이유가 있다. 이것을 바로 이해관계(interest)라고 하는데 입장을 취하게 하는 조용한 원동력이다.[72] 이해관계는 구체적으로 말하자면 명확하지는 않지만 당사자들에게 실제로 문제가 되는 강력한 힘으로서 '당사자가 분쟁을 종식시키기에 충분히 수용되어져야 하는 충족되지 못한 희망, 두려움, 정서적 욕구나 동기'를 말한다.[73]

이러한 이해관계의 중요성 때문에 당사자들의 욕구와 이해관계를 발굴해 내는 것은 문제해결의 핵심이 될 수 있다. 조정인은 각 당사자의 기본적인 이해관계를 식별해야 한다. 이를 이해관계 식별(interest identification)이라 한다. 그렇지만 이해관계를 식별해 내는 것은 매우 어렵다. 왜냐하면 욕구는 불만일 때 무의식적으로 작동하고, 욕구나 이해관계를 알고 있다 해도 표현하기 어렵고, 두려움이나 제약 같은 민감하고 전략적인 요소가 개입되어 있으면 조정인이 알아내기 어렵기 때문이다.74) 이렇게 이해관계가 쉽게 드러나지 않는 특성으로 인해 조정인이 공개적으로 합동회의에서 이해관계를 알아내기보다 비공개 분리회의에서 알아내는 것이 더 적절하다.

이해관계를 식별해 내기 위한 다음과 같은 적합한 질문을 제기하는 것이 도움이 된다.75)

① '왜(why)'라는 질문

개방형 질문인 '왜'라는 질문은 이해관계를 식별하는데 매우 효과적이다. 예: "당신이 얻으려는 것은 왜 중요한가요?" "상대방이 제안한 것을 왜 수용하기 어려운가요?"

② 느낌과 영향(feeling and effects)의 질문

분쟁이나 해결방안의 당사자들에 대한 영향이 무엇인지 질문하는 것 또한 이해관계에 대한 중요한 정보를 제공한다. 예: "상대방 행동 중에 무엇이 가장 거슬립니까?" "이 분쟁은 당신에게 어떤 영향을 주나요?" "당신이 그 액수의 돈을 가진다면 무엇을 할 건가요?"

③ 우선순위(priority) 질문

우선순위에 대한 질문은 서로 다른 이해관계의 상대적 강도를 알 수

있는 방법이다. 예: "이 사건에서 당신의 목표는 무엇인가요?" "무엇이 당신에게 가장 중요한가요?" 이 두 가지의 쟁점 중에서 어느 것을 더 먼저 선택하시겠습니까?"

④ 특정 이해관계에 대한 직감적(hunch) 질문
조정인이 짐작이 가는 여러 가지의 이해관계를 나열해주면서 구체적으로 어떤 이해관계가 있는지를 질문해 볼 수도 있다. 직감에 의한 질문은 조정인에게 잃을 것이 없다. 당사자가 조정인의 말에 동의하는지, 반대하는지, 다른 관심을 표출하여 수정하는지에 대한 유익한 정보를 얻을 수 있다.

6. 분리회의

분리회의는 조정에서 영어로 코커스(caucus)로 표현된다.[76] 분리회의는 조정인이 각 당사자와 사적으로 만나는 회의이다. 조정인은 추가적인 정보를 수집하거나 대안을 개발하기 위해 당사자들을 따로 만날 필요가 있다. 분리회의의 또 다른 장점은 한 당사자가 상대와의 관계를 손상시키지 않으면서 화를 분출하도록 허용하는 점이다.[77]
분리회의에서 당사자들은 좀 더 공개적이고 비밀을 조정인과 공유할 수도 있다. 그리고 조정인은 분리회의를 통해 당사자들에게 협상교육을 시킬 수도 있고 수용가능한 제안을 만드는데 당사자들을 도울 수도 있다. 분리회의는 당사자들이 긴장을 풀고 화를 내리거나 숙제를 하는 시간을 제공하기도 한다. 분리회의는 또한 문제해결에 필요한 정보를 수집하는 기회를 제공하기도 한다.

어느 당사자가 사건을 평가하는데 도움을 줘야할 경우, 어느 당사자가 현실적인 목표를 설정하도록 도움을 줘야할 경우, 협상과정에 대해 어느 당사자에게 교육을 시켜야 할 경우 등 조정인이 합동회의에서 하기 어려운 경우에도 분리회의를 사용하는 것이 적절하다.[78]

분리회의는 조정인이 당사자들에게 제안을 하거나 개발할 때도 유익하게 활용된다.[79] 조정인이 제안을 할 때 분리회의를 이용한다. 분리회의에서 당사자들로부터 어떤 아이디어나 타협 또는 대안적 해결에 긍정적 반응을 얻었다면 합동회의에서 그 제안을 제시하여 수용여부를 확인해볼 수 있다. 그리고 조정인이 분리회의에서 당사자들에게 다양한 가능한 해결 방법을 제안해보고 어느 당사자가 제안의 하나라도 수용할 수 있기를 기대한다. 이때 제안은 순전히 조정인이 제안한 것이라고 당사자들이 이해하도록 분명히 해야 한다.

대부분의 경우에 분리회의는 비밀로 진행된다. 그리고 당사자가 공개를 허락한 정보만 상대편 당사자에게 공유하게 된다. 그래서 조정인은 분리회의에서 어떤 정보를 공개하도록 허용되었고 어떤 정보는 비밀로 해야 할지 명확하게 결정해야 한다.

7. 아젠다 설정

조정기간 중에 논의할 쟁점의 순서를 설정하는 의사일정을 결정해야 한다. 쟁점이 간단하면 일정이 별로 필요 없지만 쟁점이 복잡하면 일정을 정교하게 수립할 필요가 있다. 의사일정을 수립하는 것은 조정인에게 전략적인 움직임이다. 조정인은 분쟁을 최소화할 수 있는 방법으로 의사일정을 수립하고 쟁점을 토의해야 한다.

의사일정을 수립하는 방법은 다양하며 각 방법들은 장점과 단점을 동시에 다 가지고 있다. 조정인은 분쟁의 주제와 당사자 특성을 고려하여 특별한 상황에 비추어 각 방법을 평가해보아야 한다.[80]

1) 특별 아젠다(ad hoc agenda)

이것은 바로 토론한 쟁점을 검토해서 결론에 도달하는 것이다. 테이블 위에 올려진 순서대로 쟁점을 결정한다.

2) 단순 아젠다(simple agenda)

토론할 하나의 주요 쟁점만이 있는 경우이다. 작은 부수적인 쟁점들이 있다 해도 핵심 주요 쟁점의 해결 위주로 논의하는 것이다.

3) 당사자들의 교차 선택 (alternating choices)

당사자들이 토론의 주제를 교차로 선택함으로써 과정을 통제하게 된다. 다만 유의할 점은 주제를 선택하지 않은 당사자는 토론에 참여하지 않을 가능성이 있고 조정인이 과정 통제권을 상실할 수도 있다. 당사자들이 노련한 협상가이고 갈등 수준이 낮을 경우 적절한 방법이다.

4) 원칙에 의한 아젠다(principled agenda)

조정인은 당사자들의 도움을 받아 해결체계를 구성할 일반 원칙을 수립한다. 그 다음 이 원칙을 구체적인 쟁점에 적용할 구체적인 사항을 결정한다. 이 방법은 당사자들이 매우 높은 일반화 수준에서 협상하려고 할 때 필요하다. 나중에 교섭과정 때까지 사소한 쟁점의 결정은 연기하려고 할 때 필요하다.

5) 덜 어려운 아젠다 우선(less difficult first)

합의 가능성이 매우 높은 쟁점을 찾아내어 합의에 시간이 별로 걸리지 않아야 한다. 덜 어려운 쟁점은 덜 중요한 문제이고 신속하게 해결할 수 있다. 이 쟁점들은 의사일정의 초기에 다루는 것이 좋다. 협상 초기에 어떤 문제에 합의하는 것은 합의 분위기를 촉진할 수 있다. 그러나 최종 합의가 나오지 않으면 조정이 시간과 돈만 낭비했다는 느낌을 줄 수도 있다.

6) 가장 어려운 아젠다 우선(most difficult first)

중요도에 순서에 따른 방법과 유사하다. 가장 어려운 쟁점에 대해 합의가 있다면 다른 쟁점들은 쉽게 해결될 수 있다. 그러나 가장 어려운 쟁점으로 시작하면 합의가 도출되지 않을 경우 조기에 결렬될 수 있다.

7) 중요도 순서대로(order of importance)

조정인의 도움을 받아 당사자들은 각자에게 가장 중요한 쟁점을 선택한다. 이들 쟁점을 의사일정에 제일 먼저 넣는다. 가장 중요한 쟁점이 합의되면 나머지 덜 중요한 쟁점은 선례에 따라 합의될 수 있다는 것을 가정한다. 참여자들이 동일한 쟁점을 가장 중요한 것으로 선택한다면 그것은 분쟁의 주요 근원이고 가장 어려운 것이다. 이 쟁점에 대해 해결책이 나오면 조정의 균형이 쉽게 진행될 수 있다.

8) 빌딩블록(building-bloc) 또는 부수 아젠다(contingent agenda)

이는 나중의 결정에 기초를 제공할 쟁점을 먼저 선택하는 것이다. 어떤 합의의 잔여부분은 주요 질문에 대한 답에 부수적인 경우가 이에 해당한다. 당사자들은 쟁점의 부수적 성격을 이해하고 명확하게 표현해야 한다. 쟁점이 상호 연관되어 있을 때 이 접근방법은 쟁점의 부정확한 순서로 발생할 파국을 예방할 수 있다.

9) 거래 또는 패키지(trade or packaging)

당사자들이 단일 쟁점으로 움직이지 않고 쟁점의 결합을 사용하려고 할 수 있다. 한 쟁점의 양보로 다른 쟁점을 얻으려는 상호 거래의 전략인 셈이다. 모든 쟁점들이 결국 다 해결될 수 있도록 쟁점별로 거래가 이루어질 수 있다. 이것이 통합적 교섭의 토대가 된다. 다수 쟁점의 해결을 포함하는 제안의 패키지 방법은 쟁점들이 연결되어 있는 경우에 특별히 효과적이다. 당사자들은 상호 이익이 가능하다.

8. 옵션의 개발과 선택

쟁점과 이해관계가 식별되었다면 해결을 위한 다양한 옵션이나 대안을 개발할 필요가 있다.[81] 당사자들은 주로 즉각적인 단일 해결방안을 원하고 있지만 그들의 관점을 넓혀서 양측이 만족하는 문제해결식 옵션 개발을 권장할 필요가 있다. 서로 협력적으로 참여하여 양측에게 수용할 만한 해결방안을 함께 찾아보도록 당사자들을 독려해야 한다.

다양한 해결의 옵션안을 찾는 것은 조정 과정의 핵심적인 부분임을 당사자들에게 충분히 설명할 필요가 있다.[82] 다양한 옵션이 없이는 상호 만족하는 해결방안을 도출하기 쉽지 않기 때문이다. 이러한 옵션의 개발은 해결방안의 선택이나 의사결정하기 위한 전제조건이다. 옵션의 평가와 선택은 옵션의 개발과 창조와는 구분되어야 한다. 판단은 상상력을 방해하기 때문에 창조와 결정은 분리해야 한다.

이 옵션 개발의 시기에는 당사들이 조정인과 과정에 편안함을 느껴 정보를 공유할 가능성이 많다. 조정인은 분위기를 더 성숙시키고 신뢰를 구축하여 당사자들이 새로운 아이디어를 만들어 내는데 편안함을 느끼도록 한다. 조정인은 당사자들로 하여금 가능한 많은 옵션을 만들어내도록 권장한다. 이러한 의미에서 조정은 창조적 문제해결 과정(creative problem solving process)으로 볼 수도 있다.

옵션이 개발되면 조정인은 옵션을 평가하고 선택하는데 당사자들을 도와주는 역할을 해야 한다. 가장 쉬운 방법은 먼저 비현실적인 옵션은 제거하는 것이다. 비현실적인 옵션이 제거되고 난 다음 어떤 옵션은 즉시에 수용되기도 하지만 어떤 옵션은 수정이 필요한 경우도 있다. 또한 옵션의 일부만 수용되기도 한다.

또 다른 옵션의 선택방법은 옵션의 리스트를 훑어보고 당사자들로 하여금 각 옵션에 찬성과 반대를 응답하도록 하는 것이다. 이것은 직접 옵션을 제거하는 방법보다 더 시간이 오래 걸리긴 하지만 추가적인 대안을 만들어 낼 수 있다. 이 방법은 도출된 대안이 많지 않을 때 권장되는 방법이다. 어느 옵션을 선택하더라도 구체화하여 최종 결론을 내리는 작업이 필요하다. 당사자들이 구체적인 항목까지 합의하면 종결하게 된다.

옵션을 평가하고 선택할 때 한 당사자와 분리회의를 할 때가 있다. 조정인은 모든 옵션의 장점과 단점을 검토할 때 그 당사자의 입장에서 동질감을 느끼게 할 수 있다. 옵션들의 검토가 끝났을 때 당사자는 조정인의 솔직함에 매우 감동하여 자신의 옵션 선택에 대해 조정인이 말하는 것에 귀를 기울이게 될 것이다.

9. 제안의 개발과 전달

조정이 성공적으로 진행되고 합의에 이르기 위해서는 조정인의 역할이 크다. 그 중에서도 합의에 이르기 위한 제안을 개발하고 양측에 전달하는 역할이 매우 중요하다. 조정인은 양 당사자들을 연결하는 일종의 파이프 라인(pipe line)과 같다. 당사자들이 서로 대화하지 못하지만 조정인의 파이프라인을 통해 대화하는 모양이다. 같은 방에서 있어도 당사자들은 상대방에게 직접 말하기보다 조정인에게 말하고 그 내용을 상대방은 곁에서 들어서 알게 된다. 당사자들이 개발한 제안을 서로 전달하는 과정에서 조정인이 할 역할을 몇 가지 정리한다.[83]

1) 메시지의 전달

메시지의 전달은 조정인의 핵심 기능이다. 한 쪽의 제안을 다른 쪽에 가감 없이 전달하기도 한다. 한 당사자가 자신의 이름으로 제안을 하기 망설인다면 조정인의 이름으로 다른 당사자에게 제안을 할 수도 있다. 제안자의 이름을 숨기는 것이 상대방의 움직임에 도움이 될지에 따라 결정해야 한다.

조정인이 제안을 전달할 미션을 받았다면 그 제안이 괜찮아 보일 경우 제안이 좋아 보인다고 상대방에게 말할 수도 있다. 그리고 상대방이 움직인다면 제안 당사자도 움직일 것이라고 말해준다. 어떤 경우에도 제안에 대한 코멘트나 반응을 넣을 필요가 있다. 이 때 주의할 점은 조정인이 상대방 당사자와 교섭하고 있다는 인상을 주어서는 안 된다는 점이다. 다만 메시지를 전달할 때 그 메시지가 어떤 가치가 있는지에 대한 조정인으로서 의견을 덧붙일 수는 있다.

2) 당사자의 직접 제안 유도

만약 한 당사자가 다른 당사자에게 명백히 바람직하지 못한 제안을 한다면 조정인은 제안을 전달할 것이 아니라 제안자가 직접 상대방에게 제안하도록 제시할 필요가 있다. 그래서 상대방이 어떤 반응을 보이는지 관찰해야 한다. 그런 다음 당사자들을 합동회의에 모이게 해서 상대방이 비현실적이고 부당하다고 생각하는 그 제안에 대해 보이는 격렬한 반응을 제안자가 직접 확인하도록 해야 한다. 반대로 제안이 다른 당사자에게 수용할만한 것이면 이때도 제안자가 직접 제안하여 분리회의에서 조정인이 전달하는 형태보다 더 최종적 분위기를 만들 필요가 있다.

3) 제안에 대한 상대 당사자의 준비

분리회의에서 어느 당사자가 제안했을 때 상대 당사자에 대한 충격을 완화하기 위해 상대 당사자의 대표를 만나 합동회의에서 논의할 쟁점의 다양한 측면을 토론할 필요가 있다. 조정인은 상대 당사자와의 분리회의에서 제안과 관련한 주요 사항에 대해 질문을 해서 생각해보도록 하는 시간을 가지도록 한다.

4) 서면 제안의 준비

당사자들이 서면 제안을 하도록 조정인에게 요청할 때가 있다. 당사자들이 조정인에게 합의에 도움을 주는 역할을 부여한다면 합당하다. 그러나 한 당사자가 다른 당사자의 희생으로 자신의 이익을 취하는데 도와달라고 요청한다면 조정인에게 문제가 된다. 어떤 경우에도 조정인은 다음과 같은 방법으로 자신을 보호해야 한다. 즉, 조정인은 자신의 제안을 만들어 문서화 하되 두 가지 포인트를 포함해야 한다. 하나는 한 당사자가 반대할만한 포인트이고 다른 하나는 다른 당사자가 반대할만한 포인트이다. 그러면 당사자들은 반대할만한 포인트들은 자동적으로 다 제거하고 나머지 제안들을 수용하면 '제안을 검토하고 회부할 기회가 없었다.'고 말할 수 없다.

5) 제안의 속도 조절

조정인은 당사자들이 상대에게 제안을 하는 속도에 세밀한 주의를 주어야 한다. 왜냐하면 제안을 할 시간, 협상이 허용되는 기간, 협상의 종료 기한, 당사자의 기질 사이에 직접적인 관계가 있기 때문이다. 조정인은 당사자들이 합의하는데 압박이 가해지도록 제안에 대한 시간 관리를 잘 해야 한다.

제7장 조정의 장애와 난국 타개

　협상의 난국을 만났을 때 제3자 조정인이 어떻게 타개해 나가는가를 살펴보도록 하겠다. 난국은 영어로 impasse에 해당하는데 곤경(Deadlock)에 처해있는 것과 유사하다. 난국은 협상이 결렬되었거나 결렬되려는 상황이라 할 수 있고 때로는 합의가능영역(ZOPA)이 존재하지 않아서 해결방안이 없는 상황이라고도 할 수 있다. 난국이 발생하면 난국을 분석해서 취해야할 방향을 정해야 한다. 먼저 난국에 직면하여 조정을 진행할 것인가 말 것인가를 결정하고 만약 계속 진행한다면 해결해야 할 장애물을 진단하고 해결할 체계를 결정해야 한다.

　난국이 발생하는 장애요소로는 전략적 장애(strategic barriers), 심리적 장애(psychological barriers), 인지적 장애(cognitive barriers), 문화적 장애(cultural barriers), 구조적 장애(structural barriers) 등 5가지가 있다.[84] 전략적 장애란 분쟁당사자들이 의도적으로 사용함으로써 난국을 초래하는 정보은폐, 위협적 언어, 입장기반 전술 같은 전략을 말한다. 심리적 장애는 미성숙이나 준비부족, 감정의 폭발, 소통왜곡, 경직된 사고 등 심리적으로 협상하기에 어려운 상태이고, 인지적 장애는 당사자들이 분쟁을 함께 해결하기에 인식 상 문제가 될 수 있는 제로섬 편향, 이기적 편향, 상대에 대한 저평가 등을 의미한다.

　문화적 장애는 이해의 부족, 부적절한 정서, 공정성이나 협상에 대한 문화적 차이 등을 포함하며, 구조적 장애는 당사자 대표들 간의 긴장상태, 이해당사자의 부재, 당사자와 대리인간 갈등 등 협상에 임하는 당사자들 내부의 문제들을 말한다. 이들 5가지의 장애유형별로 구체적인 상황은 어떻게 나타나고 이를 극복하기 위해 조정인이 어떤 역할을 해야 할 지를 설명하는 내용을 **표 7.1**부터 **표 7.5**에 요약하였다.

Frenkel & Stark가 제시하는 5가지의 장애 분석과 별도로 Kovac이 제시하는 난국을 타개하는 기법 중심의 설명을 추가적으로 말미에 다루고자 한다. 난국 타개 기법은 장애분석의 조정인 역할과 일치되는 부분도 있으나 별도로 제시되는 부분도 있다.

1. 전략적 장애의 극복

전략적 장애는 경쟁적 협상 전략의 고수와 관련이 있다. 협력적 협상이 양 측에게 이익이 되고 바람직함에도 불구하고 실제로 경쟁적 협상 전략에 매몰되어 죄수의 딜레마(Prisoners' Dilemma)에 빠지는 현상이 나타난다. 경쟁적 협상 전략에 빠지는 이유로서 상대방으로부터 이용당할지 모른다는 두려움과 협력적 협상 기법에 익숙하지 못한 협상문화가 작동하고 있다.[85]

두 번째 전략적 장애는 경쟁적 협상 전략을 추구할 때 협상가들이 공격적 전술을 취하는 장애이다. 협상가들은 교섭범위를 찾기 어렵게 정보를 은폐하거나 왜곡하곤 한다. 협상가들은 작은 양보마저 하지 않고 상대방도 양보를 하지 않아 결국 교착상태에 이르게 된다. 그러한 전략적 공격성은 개인적이 되어 화를 내거나 불신을 하는 악순환이 되어 난국에 빠지게 된다.

조정인은 협상에 내재된 전략적 긴장을 완화시켜야 한다. 조정인은 불필요한 난국을 피하고 효율적이고 적절한 합의에 이르도록 당사자들을 도와줘야 한다. 가능하다면 효과적 문제해결식 접근이나 협력적 협상을 촉진하거나 그렇지 못할 경우 분배적 방법으로 효과적으로 협상하도록 도와줘야 한다.

표 7.1은 이러한 전략적 장애의 문제점과 상황을 열거하고 이에 대한 조정인의 역할을 요약하고 있다. 경쟁적 협상 전략에서 당사자들이 취하게 되는 문제로서 정보의 장애, 위협적 언어, 입장기반 전술을 제시하고 있다.

표 7.1 전략적 장애의 극복

문제점	상황	조정인의 역할
정보의 장애	■ 중요한 정보의 결핍 ■ 자신의 입장이 불리해질 것을 우려하여 정보공유에 소극적 ■ 당사자들이 오직 "정당성과 책임"에 집중	■ 열린 질문, 적극적 듣기를 통해 개방된 소통 ■ 이해관계를 알아냄 ■ 첨예한 입장에 대하여 분리회의 활용하고, 더 많이 드러내도록 촉진 ■ 드러나 있는 정보를 토대로 양자간 상태에 대하여 설명 ■ 해로운 정보의 상호 공개를 촉진함. ■ 분쟁당사자들이 필요한 정보를 획득하도록 조정일정을 재조정
위협적 언어	■ 당사자들이 개인적 모욕이나 위협적 언어를 사용 ■ 파국 위협을 받는 결과가 상승하고 있음.	■ 당사자들의 협상태도를 코칭. ■ 협박과 모욕이 파국의 위기를 불러올 것임을 지적함 ■ 조정인이 제안을 전달할 수 있도록 분리 조정회의를 진행
입장기반 전술	■ 비현실적으로 높거나 낮은 제안 ■ 드물게 이루어지는 양보 ■ 양보가 너무 적은 수준이어서 진전을 할 수 없음 ■ 과장이나 허풍을 믿음	■ 당사자가 객관적 규준과 기준에 의거하여 합리적인 제안을 하도록 도움 ■ 보다 큰 폭의 뚜렷한 진전을 촉진 ■ 호혜성과 희소성의 원리를 주장함 ■ 조건적 또는 일괄적 제안을 교환함으로써 차이를 좁힘

출처: Frenkel & Stark(2012), 277.

2. 심리적 장애의 극복

조정인은 협상과정에 관한 중심적 진실을 이해해야 한다. 즉, 강한 감정은 갈등의 부수적 효과가 아니라 당사자들이 갈등을 경험하는 중심적 방법이다. 사람들이 모순된 욕구, 입장, 이해관계 또는 목표를 가지고 있을 때 이것은 화, 두려움, 걱정, 죄책감, 창피함 및 다른 강한 느낌을 유발한다. 대부분의 분쟁은 이를 경험하는 사람들에게 객관적인 요소와 주관적인 요소를 모두 지니고 있다. 분쟁의 주관적 측면은 상황의 객관적 실체만큼이나 당사자에게 중요하다.[86]

표 7.2는 여러 가지 심리적 장애를 설명하고 이에 대한 조정인의 역할을 제시하였다. 문제점으로는 성숙이나 준비, 감정의 폭발이나 전염, 소통왜곡, 경직된 사고와 복수심을 들고 있다. 각각의 문제점은 어떤 상황을 말하는지 구체적으로 예시하고 이들 문제점을 해결하거나 완화시키기 위한 적절한 조정인의 역할을 보여주고 있다.

표 7.2 심리적 장애의 극복

문제점	상황	조정인의 역할
성숙이나 준비	■ 한쪽이 매우 우유부단한 것으로 보임 ■ 한쪽이 어떤 해결책의 고려도 꺼려하거나, 양보를 도출하는데 퇴보적임 ■ 당사자들이 극단적으로 화가 나 있거나 긴장 상태임	■ 근심을 알아내고 감정의 표현을 격려함 ■ 적극적 듣기의 활용 ■ 당사자가 준비될 때까지 조정을 연기
감정의 폭발이나 전염	■ 한쪽이 사고를 명확히 하기 어렵거나, 분노로 인해 조정에 임하기를 꺼릴 경우 ■ 조정실의 열기가 양당사자로 인해 빠르게 높아질 경우	■ 휴식을 요청함 ■ 임시적으로라도 분리조정회의를 고려함

소통왜곡	■ 당사자들이 상대방의 메시지를 오해함 ■ 당사자들이 효과적으로 소통하는데 어려움을 겪음	■ 당사자가 서로의 메시지를 반복할 수 있도록 기회를 제공함 ■ 조정인이 질의하거나 왜곡을 바로잡음 ■ 조정인이 당사자의 메시지를 해석하여 제시함
경직된 사고와 복수심	■ 한쪽 또는 양쪽이 "완전히 옳다"거나 타방이 "완전히 틀렸다"고 느끼고 있음 ■ 한쪽이 다른 쪽에 대하여 적대감으로 이끌리고 있음 ■ 당사자가 비난과 복수에 집중하고 있음	■ 분노의 언어를 벗어나도록 재설정함. ■ "당신"보다는"나"대화법을 격려함 ■ 당사자들이 해당 분쟁에 스스로 기여하였음을 깨닫도록 함 ■ 공감을 탐구함 ■ 입장 바꾸기(역할의 전환)을 활용 ■ 당사자 행위의 결과를 의도와는 분리함 ■ 당사자가 사과를 하거나 받아들이도록 코칭함

출처: Frenkel & Stark(2012), 278.

사례 7.1 이혼 분쟁 조정 사례: 심리적 장애

이혼 분쟁 조정을 신청한 두 부부 A,(부인)과 B(남편)에게는 다섯 살 난 딸과 세 살 된 아들이 있다. 딸은 6주 후면 유치원에 입학하게 되지만 언어발달이 덜 된 문제가 있고 아들은 배변 훈련이 덜 되어 부모의 돌봄이 꼭 필요하다. 조정인이 상황을 파악해본 결과 신체적 다툼이 있고난 다음 A는 학대보호명령을 신청해서 적용받고 있는데 이 학대는 딱 한번 있었지만 B는 학대가 아니라고 강하게 부정하고 있다. 또한 그 명령이 만료된 후 B는 아무 사전 예고 없이 나타나서 두 자녀를 데리고 휴가를 떠나서 다투었다는 말도 조정인은 알게 되었다. 휴가가 끝난 후 B는 10키로 떨어진 자신의 부모댁으로 아이들을 데리고 거주하고 있다. A는 그 후 한 번에 한 시간씩 7번만 아이들을 면접교섭했다.

부부는 자녀들이 발달 장애 심각성과 그 원인에 대해 서로 의견이 달랐다. B는 양육권을 주장하면서 자신의 모친 집이 A의 집보다 더 깨끗하고 구조적으로 잘 되어 있고 이 환경에서 아이들이 더 잘 지낸다고 생각하고 있다. 반면 A는 B의 모친이 창결 결벽증이고 아이들과 놀지도 않아서 아이들이 부모와 같이 있어야 한다고 주장했다.

조정인은 양육권 합의의 구체적 사항을 협상하도록 조정하였다. 그러나 예정된 조정시간이 끝날 무렵 두 부부는 서로 멀리 떨어졌으며 토론이 화를 내고 다투는 과열된 모습으로 악화되었다.

출처: Frenkel & Stark(2012), 280-281을 토대로 사례를 각색하였다.

3. 인지적 장애의 극복

사람들은 스스로를 고려를 잘 하고 논리적인 결정을 하는 합리적 인간이라고 생각하기를 좋아한다. 그러나 인간은 정보를 오해하거나 왜곡하고 의사결정에서 합리적이지 못하게 하는 판단의 편견에 흔히 빠져 있다. 판단의 편견은 교묘하게 이를 인식하지 못하는 사이에 영향을 준다.

협상을 할 때 인지적, 판단의 편견은 3가지로 살펴볼 수 있다.[87] 첫째, 협상가는 해결을 목적으로 사건을 준비하고 평가하면서 발생하는 인식의 왜곡이 있다. 둘째, 협상에서 상대방이 무엇을 원하는지, 어떻게 행동하는지의 예측을 포함하는 협상가의 기획에 영향을 주는 판단의 편견이 있다. 셋째, 협상가가 협상 테이블에서 상대방의 제안과 양보에 대해 어떻게 반응할지에 영향을 주는 왜곡이 있다. **표 7.3**은 인지적 장애를 Zero sum 편향, 이기적/당파적 편향, 상대에 대한 저평가 측면에서 문제점을 검토하고 조정인 역할을 제시하고 있다.

표 7.3 인지적 장애의 극복

문제점	상황	조정인의 역할
Zero sum 편향	■ 당사자들이 그들의 차이를 과장하고 있음 ■ 모든 쟁점이 갈등의 근원임	■ 분리조정을 통해 이해관계를 알아냄. ■ 공유적 보완적 이해관계를 도출함. ■ 공유규준과 가치를 도출함. ■ 추가적 이슈나 자원을 탐구함.
이기적/당파적 편향	■ 당사자가 각자의 사건이 유리하다고 확신하고 있음 ■ 당사자들이 상대방의 관점을 무시함 ■ 당사자 자신의 제안은 공정하고 상대방의 제안은 불공정함	■ 합동조정회의를 통해 관련 사실관계 전반을 검토함 ■ 의심을 알아냄 ■ 각 당사자의 약점과 강점을 열거함. ■ 그들에게 상대방의 주장을 만들어보도록 함 ■ 평가를 제공함 ■ 외부의 평가를 받도록 함

상대에 대한 저평가	■상대방의 제안은 실제 양보가 아니거나, 충분치 않다거나, 반사적으로 거절함	■상대방이 진정한 양보를 하고 있다는 장면을 제공함 ■제안이 상대방의 이해관계를 어떻게 만족시킬 것인지 설명함 ■조정인이 시험적 제안을 제시함
손실 회피	■당사자들이 과거 비용 투자에 집중 ■모든 재정적 양보는 지나치게 고통스러움 ■피고는 매우 매력적 제안을 거절함	■분쟁 지속 비용을 검토함 ■소송의 위험을 지적함 ■해결의 심리적, 사회적 이익을 지적함

출처: Frenkel & Stark(2012), 278-279.

사례 7.2 작업장 분쟁 조정 사례: 인지적 장애

어느 부품 제작 공장의 두 사람 동료 근로자인 J와 S는 끊임없이 현장에서 말다툼을 하고 있다. 그들의 상사인 작업반장 K는 이 문제를 풀기 위해 회사의 조정 프로그램을 활용하고자 했다. 조정인 M은 이 작업장 분쟁을 조정하기 위해 회의에 참석했다. 조정인은 먼저 분쟁의 상황을 파악해 보았다. 지난 달 그들은 적대감으로 주먹질까지 하는 사태가 있었다. 작업반장은 더 이상 다투어 문제를 일으키거나 언쟁을 피하지 않는다면 두 사람 모두 해고될 거라고 말했다.

두 사람이 효과적으로 대화하고 갈등을 해결하기 위해 조정인은 90분 동안 도와주며 조정에 임했으나 전혀 소용이 없었다. J는 그나마 성실하게 협상에 임하는 듯했으나 S는 이 문제에 대해 전혀 책임을 인정하지 않았고 앞으로도 자신의 행동을 바꾸려 하지 않았다. 이러한 난관에 직면하여 조정인은 조정을 포기할지 계속할지 고민스러웠다. 이것은 실제 난국인지 아니면 외형상 난국인지도 파악해야 한다.

출처: Frenkel & Stark(2012), 274를 토대로 사례를 각색하였다.

4. 문화적 장애의 극복

문화적 장애란 당사자들의 인종, 종교, 성별, 기타 정체성 차이에 의해 협상을 위협하는 소통 장애와 가치 차이를 의미한다. 배경의 차이에 의해

발생하는 위험은 여러 가지로 식별할 수 있다.[88]

-기본적 언어 차이에 의한 오해

-문화 규범에 따라 어떤 주제를 토론하는데 불편함

-정체성 민감에 의해 상대의 과거 행동이나 의도에 대한 적대적 또는 부정확한 인식

-주관적 권리, 도덕, 공정성에 관해 문화에 기초한 불일치

-갈등과 협상에 대해 양립할 수 없고 문화적으로 영향을 주는 경향

표 7.4는 문화적 장애로 발생하는 문제점인 이해의 부족, 부적절한 정서, 적대적 감정, 권리나 공정성에 대한 문화적 차이, 갈등과 협상에 대한 문화적 차이에 대한 설명과 조정인 역할을 요약하고 있다.

표 7.4 문화적 장애의 극복

문제점	상황	조정인의 역할
이해의 부족	■당사자들이 과정이나 말하는 내용을 혼동하는 것으로 보임	■혼동이 아닐까 시험하기 위해 분리조정회의를 요청 ■조언자나 통역사의 자문을 구함
부적절한 정서, 적대적 감정	■한쪽이 납득이 안 갈 정도로 감정적이거나 수줍어함	■문화적 문제를 알아내기 위한 분리조정회의 실시 ■놀라움과 관심을 표현 ■문화적 설명이 가능한지 조심스럽게 알아봄
권리나 공정성에 대한 문화적 차이	■당사자들은 같은 사건에 대하여 전혀 반대로 반응함	■기준과 규범을 알아내기 위해 분리조정회의를 개최 ■역할 바꾸기를 활용 ■변호사의 자문을 제안
갈등과 협상에 대한 문화적 차이	■협상으로부터 이탈하거나 협상 거부 ■지나치게 소극적 이거나 공격적 협상 전술 구사	■협상 스타일과 규범(규준)을 알아내기 위해 분리조정회의 요청 ■당사자의 협상 행태를 코칭

출처: Frenkel & Stark(2012), 279-280.

5. 구조적 장애의 극복

구조적 장애는 협상의 옵션을 제약하는 환경이나 당사자들이 구성되는 방법에서 오는 장애를 말한다. 환경에서 나타나는 해결 제약 요소는 가시적이고 물질적인 제약을 포함하고 있다. 예를 들어 참석자의 숫자나 조정할 시간의 제약이 있거나, 참석이 배제된 중요 참석자가 있거나, 허용되는 결과의 종류의 제약이 있거나, 비밀보장의 제약이 있는 경우 등이다. 다른 구조적 문제는 협상 대표들 사이에 또는 협상 대표와 구성원들 사이에 긴장 때문에 발생한다. 이 문제는 협상가들이 합의사항을 확정하기 꺼려하도록 하거나 합의사항을 취약하게 할 수 있다.[89]

표 7.5는 이러한 구조적 장애를 당사자 대표들 간의 이견이나 긴장 , 이해당사자나 이해관계자의 상실, 당사자-대리인 갈등 등 3가지 문제로 구분하여 검토하고 조정인 역할을 제시하고 있다.

표 7.5 구조적 장애의 극복

문제점	상황	조정인의 역할
당사자 대표들 간의 이견이나 긴장	▪협상단의 구성원이 침묵하고 적대적이거나 전면에 나서지 아니함	▪상호당사자간 긴장을 풀기 위하여 모든 대표들만의 분리분리회의 진행 ▪차이를 알아내기 위해 협상단 외부의 대표자들과 각각 만남 ▪협상단이 차이를 드러내거나 새로운 구성원을 추가하도록 요구함
이해당사자 나 이해관계자 의 상실	▪지체되고 설명이 없는 우유부단함 ▪초기단계에서 이루어진 결정을 최후단계에서의 번복	▪우유부단함을 극복하기 위한 분리조정회의 개최 ▪당사자나 조정인이 빠진 당사자를 접촉함 ▪결정이나 미래 과정에 다른 이해관계자를 포함하기 위해 연기함
당사자-대리인 갈등	▪당사자의 입장을 대표하는 권위가 결핍된 대리인 주장 ▪수준미달의 조언을 제공하거나 당사자의 결정을 기각하고 있는 대리인인 경우	▪당사자를 접촉하거나 당사자 참석이 보장되는 조정을 확보하기 위한 분리조정회의 개최 ▪대리인과 분리조정회의 개최 ▪당사자와 분리조정회의 개최

출처: Frenkel & Stark(2012), 280.

6. 난국 극복의 다양한 방법

앞에서 Frenkel & Stark가 조정의 장애를 5가지로 구분하여 조정인의 역할을 제시하였다. Kovac은 장애를 분류하지 않고 기법을 중심으로 다양한 극복 방법을 제시하였다.[90)]

① 초점이나 의제를 바꾸라.
협상이 쟁점이나 이해관계에 막혀 있다면 다른 의제로 이동하라. 조정인은 과정과 안건을 통제한다는 것을 기억해야 한다.

② 다시 시작하라.
당사자들에게 다른 초점을 가지고 다른 개회사를 하라고 요청하라.

③ 경쟁적 협상 모드라면 쟁점을 나누거나 쪼개어라.
협력적 협상은 경쟁적 협상보다 더 생산적임을 기억해야 한다.

④ 휴식을 가져라.
휴식을 가지거나 재고하는 개인 시간을 가진 후에 문제를 약간 다른 식으로 볼 수 있다.

⑤ 침묵을 지켜라.
조용히 앉아 있는 것이 불편할 수도 있다. 그러나 조정에서 완전한 침묵은 새로운 어떤 것을 말할 동기를 제공한다.

⑥ BATNA 또는 WATNA(Worst Alternative to a Negotiated

Agreement)를 발견하거나 상기시켜라.

⑦ 용기를 주는 말을 하라.

어떤 진척이 있다면 이를 인정하고 긍정적으로 강화시켜라. 이는 더 큰 움직임을 촉진할 수 있다.

⑧ 분리회의를 요청하라.

합동회의가 생산적이지 못하면 분리회의가 협상을 움직이게 하는 정보를 조정인에게 제공할 수 있다.

⑨ 함께 되돌아가라.

분리회의나 왕복 협상에서 당사자들을 뒤로 되돌아가게 하면 생산적 토론을 이끌 수 있다.

⑩ 스낵을 가져와라.

당사자들이 분리되어 있다면 스낵은 그 그룹을 재소집하는 좋은 방법이다.

⑪ 부분적 합의가 이루어질 수 있는지 살펴보라.

이 부분의 합의를 강조하라.

⑫ 유머를 사용하라.

분쟁이 해결될 기미가 안보이면 적절한 유머를 해서 긴장을 완화시킬 필요가 있다.

⑬ 외부 전문가에게 눈을 돌려보라.

중립적 전문가를 초대하는 것은 교착된 입장으로부터 당사자들을 움직이게 할 수 있다.

⑭ 종료한다고 요청하라.

당사자들에게 조정을 종료한다고 말하면 그들은 입장을 변경할 수 있다. 만약 아무도 조금도 움직이지 않으면 조정인은 조정회의를 종료할 준비를 해야 한다.

제8장 합의서 작성, 종료 및 사후 관리

조정 절차에 따라 조정인이 합의에 도달하는 것이 중요하지만 합의한 결과를 이행하도록 합의서를 작성하고 깔끔하게 종료하는 것도 중요하다. 합의를 도출하지 못하고 다시 조정을 하도록 연기할 경우 사후 관리도 잘 해야 한다. 합의서에는 합의한 내용을 적절하게 잘 포함되어야 하고 그 형식도 잘 갖추어야 한다. 또한 합의한 내용이 이행될 수 있는 장치를 마련해두는 것도 조정인이 해야 할 몫이다. 합의서가 작성된 후 최종 종료를 선언하고 필요시 종료 의식을 하도록 관리할 필요도 있다.

1. 합의의 내용

조정회의를 통해 합의하기로 한 내용은 당사자들에게 귀속된다. 조정인은 합의의 상세 내용을 완성하고 미세 조정하는 역할을 하게 된다. 합의안이 조정의 합의와 일치되지 않은 주요 이유는 최종 합의의 불명확성 때문이다. 합의문을 작성할 때 조정인은 다음의 질문을 제기하여야 한다.[91)]

합의문을 읽어보면 누가, 무엇을, 언제, 어디에서, 어떻게, 얼마만큼을 하는지가 결정될 수 있는가?

이 질문이 합의문에서 명확히 답을 얻지 못한다면 조정인은 최종 합의문을 작성하기 전에 쟁점을 명확히 해야 한다.

합의의 실체적 요소가 결정되었다면 실행의 구체성도 마무리되어야 한다. 예를 들어 매월 지불금액의 구체적 날자, 지불이 이루어지는 장소, 지불 방법, 개인 수표, 현금 수표, 신용카드 등이 수용될지 여부 등이다. 구체화된 실행 절차는 합의와 일체감을 높여준다.

조정인은 합의의 내용을 완성하기 전에 부대조건을 검토해야 한다. 당사자들이 합의한 내용이 완전한 형태로 실행되지 못할 수도 있다는 것을 지적해야 한다. 이 경우 조정인은 잠재적인 문제를 식별하고 대안적 실천 과정을 찾는데 당사자들을 도와주어야 한다.

합의서에 포함되어서는 아니 되는 항목은 결점이 된다. 합의서에 비난, 책임, 유죄 같은 문제를 포함하는 것은 적절하지 않다. 조정인은 이러한 쟁점의 언급을 피하도록 해야 하고 "~ 이유로" "~ 때문에" "~의 결과로" 라는 문구는 사용하지 않아야 한다. 어떤 결점을 서로 인정하더라도 이를 합의서에는 포함할 필요가 없다.

배려와 관련한 문제는 서문에서 최소화되어야 한다. 그럼에도 많은 조정인은 서면 합의서에 "양호하고 가치 있는 고려를 위해(for good and valuable consideration)"의 문장으로 합의문을 시작하고 있다.92)

특별한 내용으로 긍정적이고 협력적 행동과 태도를 권장하는 서문이 적절할 수도 있다. 이것은 합의 준수에 도움이 될 수 있다. 또한 당사자들의 합의 약속을 반영하는 문장을 일반적 고려와 더불어 서문에 포함할 수도 있다.

만약에 사건의 완전한 해결 대신 부분적인 합의가 있을 경우에 이를 반영하는 합의서를 작성해야 한다. 쟁점에 대해 부분적 합의가 있으면 부분적 합의 내용을 적시해야 한다. 일정한 기간이 경과한 다음 당사자들이 추가적인 정보를 획득하고 문제를 다르게 보고 다시 조정을 받기를 원할 수도 있다. 그래서 부분 합의는 재조정 일정을 포함할 수도 있다.

2. 합의의 형태

조정에 의한 합의는 가장 비형식적인 구두 합의와 가장 형식적인 공식 법적 문서의 양 극단사이에 다양한 형태로 존재한다. 합의의 형태는 사건의 성격과 소송 계류 중인지 여부에 따라 결정된다.[93]

합의 시점에 합의가 실행되는 자율집행 합의가 있다. 제품의 금액을 지불하면 교환되는 구매행위가 그 예이다. 이 경우에는 서면 합의가 필요 없다. 그러나 많은 경우에 서면 합의가 요구되고 있다. 합의는 계약이행과 관련이 있다. 합의 이행 문제는 계약법을 얼마나 이해하느냐에 달려 있다. 어떤 경우에는 조정합의가 이행되려면 타당한 계약이 있어야 한다고 법에 명시되어 있다. 또 어떤 경우에는 합의 형태가 계약법에 일치할 뿐 아니라 당사자가 변호사에게 법률자문을 받아야 한다는 확인을 포함해야 한다. 그래서 합의서를 작성할 때 당사자와 욕구 항목 뿐 아니라 합의 이행 문제를 포함해야 한다.

비소송 사건의 경우 구두 합의가 있을 수 있으나 서면 합의가 선호되고 일반적이다. 서면 합의인 경우 당사자가 언제, 어디에서, 어떻게 해야 할 일들을 확실히 알 수 있도록 조정인은 모든 항목을 명확하게 포함해야 한다. 또한 합의 이행 문제도 마찬가지로 중요하다.

소송 사건의 경우 당사자들은 합의 형태에 대해 추가적인 선택을 해야 한다. 최종 합의에 이르기 전에 당사자들은 조정 합의가 소송에 어떤 영향을 미치는지 결정해야 한다. 조정을 통한 최종 해결은 다음의 세 가지 유형 중 하나로 되어야 한다. 즉, ① 소송의 기각, ② 합의 재판의 형태로 소송의 종결, ③ 어떤 조건으로 소송의 계속. 이 모든 유형은 합의서의 다른 형태를 필요로 한다.[94]

소송을 기각할 때는 조정 합의의 나머지 부분이 계약으로 작성될 가능성이 많다. 모든 계약의 요소들이 들어간다. 이 때 소송 기각이 접수되고 당사자들은 취하게 될 행동을 표시하는 조정 합의(계약)에 따르게 된다.

조정이 다른 유형의 해결로 될 경우 당사자들은 소송을 취하하지 않고 최종 서류나 판정에 조정 합의를 합병하기를 선호할 수 있다. 어떤 법원은 합의서를 법원에 제출하기를 요구하기도 한다.

조정 합의를 법원이 인정하는 방법은 여러 가지가 있다. 첫째, 조정 합의는 법원의 최종 합의 또는 약속된 판정임을 인정하는 것이다. 합의의 모든 내용이 법원에 제출되고 서명된 판정에 포함된다. 둘째, 조정 합의를 법원 최종 명령이나 판정에 참고사항으로 포함하는 것이다. 특히 이혼 사건의 경우 조정 합의서에 구체적 항목이 너무 많아 이런 방법을 사용하기도 한다. 셋째, 합의의 일정한 요소를 법원의 명령으로 포함하고 나머지 항목들을 포함하는 별도의 합의나 계약을 참고 서류로 첨부하는 방법이다. 세 가지 방법이 모두 골고루 사용되는데 당사자와 조정인은 최종 단계로 들어가기 전에 어떤 합의 형태를 취할 것인지 결정해야 한다.

사례 8.1 윌슨과 디로렌조의 합의서

1. 피고는 원고의 전문적 방식으로 부엌 수리를 완성한다.
   부엌 수리는 3일 이내로 완성한다. 더 이상 지체되면 피고는 원고에게 수리가 지체되는 날 수에 대해 일당 100 달러를 지불한다.

3. 피고는 부엌 캐비넷을 20년간 사용하도록 보장하고 인부, 주방용 조리대, 리놀륨, 전등은 3년 간 보장해야 한다.

4. 피고는 과도한 지체와 비정품 캐비넷 사용에 대한 보상으로서 부족액의 500 달러 공제를 받는다.

5. 상기 합의를 고려함에 있어서 피고는 작업이 종료되었을 때 요구를 철회한다.

출처: Frenkel & Stark(2012), 290.

3. 합의의 이행 가능성

협상가들은 합의사항을 자발적으로 준수할지의 문제가 있을 수 있다. 조정인은 구조적이고 외부적인 강제조항으로 이러한 준수 취약성 문제를 극복하게 된다. 조정을 통해 도달한 합의는 두 가지의 방법으로 이행될 수 있다.[95] 첫 번째 방법은 조정 합의가 다른 계약과 같은 용어와 이행 체계로 강제하는 법적 계약이다. 두 번째 방법은 조정 합의가 법원에 등록되고 승인을 받는 사법적 감독이다.

1) 법적 계약

법적 계약은 어떤 상황이나 문화에서도 합의를 약속하는 가장 보편적 방법이다. 법적 계약은 법적으로 이행을 강제하는 당사자들 사이의 합의를 말한다. 계약은 한 당사자가 다른 당사자로부터 약속이나 행동의 대가로 실행하기로 동의하는 고려, 약속, 또는 행동의 교환을 의미한다.

당사자들이 상호 구속적인 약속 조항으로 시작할 수 있다. 이 약속 조항이 수립되면 그것은 바로 해결 합의가 준수될 구조적 보증(structural assurance)이 된다.[96] 이 구조적 보증은 해결 합의가 실행되도록 강제하는 것을 결정한다. 이 경우 굳이 당사자들이 신의 약속이나 예측이 안 되는 대중 의견의 압박에 전적으로 의존할 필요가 없다.

법적 계약은 한 당사자가 약속을 이행하지 않으면 다른 당사자에게 법적 청구를 하도록 허용하고 있다. 계약의 위반이라고 고려하는 것을 당하는 당사자는 고충의 구제를 위해 상대방을 고소할 수 있다. 소송에서 승소하면 원고는 다음의 3가지 중 하나를 얻게 된다.[97]

-손실 보상: 피고의 위반 결과에 대한 재정적 보상을 원고에게 제공한다.

-계약 취소: 법원은 계약을 파기하고 원고로 하여금 계약 의무를 면제시킨다.

-특별한 실행: 법원은 피고에게 계약의 조항을 이행할 것을 명령한다.

법적 계약은 구두 계약이 있지만 대부분 서면 계약이다. 서면 계약에는 최소한 다음의 사항을 포함해야 한다.[98]

① 이름(또는 계약의 종류)

② 당사자(날자, 장소 포함)

③ 당사자의 관계와 계약의 기능을 서술한 사건 설명

④ 당사자들의 상호 교환을 서술하는 약속 조항

⑤ 마무리와 서명

법적 계약이지만 불이행시 금전 배상을 적시해 놓음으로써 이행을 강제하는 방법도 있다. 배상 합의(agreement on indemnification)는 한 당사자가 합의 조항을 준수하지 않는다면 보상의 액수와 형태를 부담할 것을 약속하는 것을 말한다.[99] 이 배상 합의는 계약 위반이 발생하기 전에 그런 행위로 부담할 비용이 구체화되어 있기 때문에 합의를 준수하도록 압박하게 된다.

2) 사법적 감독

사법적 감독(judicial supervision)은 당사자들을 합의에 구속시키는 두 번째 구조적 수단이다. 분쟁 당사자들이 법원 심리를 대기하는 동안 협상 해결에 도달한다면 법원에 합의 조항을 법원에 요구해야 하고 법원은 그 조항을 최종 판정에 포함해야 한다.[100] 당사자들이 관할 법원에 합의를 등록하고 합의 조항들을 기각 명령에 병합하거나 또는 합의 이행이나 해석에서 발생하는 문제에 대해 재판관이 관할권을 가진다고 기각

명령에 명백히 명시한다.[101]

협상적 해결에 대한 사법적 감독의 두 번째 예는 복잡한 분쟁에 있는 사람들의 집단에 영향을 주는 협상의 대표를 선발하는 데 사용되는 과정이다. 이것은 집단소송에서 대표를 선임하기 위한 절차와 같다.

3) 행정적 또는 입법적 행동

행정적 또는 입법적 행동(administrative or legislative action)은 협상의 해결로부터 나타나고 합의를 준수하도록 강제하도록 한다.[102] 이는 사법적 감독과는 다른 형태이지만 공적 기관에 의해 합의 이행을 강제한다는 의미에서는 유사하다.

규정과 정책을 포함하는 협상적 해결은 새로운 정책, 규정, 법안에 포함되기를 권장하고 있다. 법안이나 규정에 포함되고 법률이 되는 협상적 해결은 선임된 공무원에 의해 집행된다.

사례 8.2 의료원 조정 합의서

이 문서는 FMC 의료원 (FMC Medical Clinic, ****, Smithville, Colorado)의 원장인 리처드 싱손 박사와 동 의료원에서 근무하는 의사인 앤드류 휘태모어 박사 사이에 고용계약을 수정하는 합의서이다.

앤드류 휘태모어 박사와 같은 의료원에 근무하는 그의 부인인 재닐 휘태모어 박사의 개인적 문제로 인해 싱손 박사와 앤드류 휘태모어 박사는 앤드류 휘태모어 박사가 동 의료원에서 진료를 계속하되 사무실은 상기 의료원의 주소가 아닌 다른 장소여야 한다는 것을 합의한다. 이 조치는 휘태모어 부부가 모두 원하는 실질적인 분리를 허용하는 것이다.

.다음의 사항은 앤드류 휘태모어 박사와 의료원이 분리된 사무실의 설립에 대한 합의를 구체화한다.
1) 앤드류 휘태모어 박사는 페어뷰 의료원의 상기주소가 아니더라도 페어뷰 의료원에 향후 2년반 동안 근로자로 일 할 것이다.

---

2) 앤드류 휘태모어 박사는 스스로 새로운 사무실 공간을 찾는다. 그 사무실을 찾는 시간은 앤드류 휘태모어 박사에게 맡겨진다.

3) 앤드류 휘태모어 박사의 현재 책상과 사무집기는 의료원에서 그의 새로운 사무실로 옮긴다.

4) 앤드류 휘태모어 박사는 새로운 사무실에 필요한 새로운 설비 비용의 절반을 부담한다. 그 설비비용은 향후 2년반 동안 그의 월급에서 매월 균등하게 분할 지급한다. 사무집기는 의료원의 자산으로 남게 된다.

5) 이사비용은 의료원과 앤드류 휘태모어 박사가 서로 반씩 부담한다. 6) 의료원은 앤드류 휘태모어 박사에게 상근 간호사의 접수업무를 계속 지원한다.

7) 앤드류 휘태모어 박사는 의료원의 실험실, 동료의사, 시설에 대한 완전한 접근을 계속한다.

8) 앤드류 휘태모어 박사의 진료비에 대한 청구는 의료원의 경리에 의해 관리된다.

9) 앤드류 휘태모어 박사는 분리 진료에서 만들어진 모든 새로운 환자기록을 자신의 비용으로 복사하여 의료원 중앙파일에 기록하게 한다. 환자진료 보고서 사본은 매월 말까지 의료원에 제출해야 한다.

두 의사는 이 합의에 완전히 동의하며 이 조치가 서로 이익이 됨을 기대한다. 합의 이행에 문제가 발생하면 분쟁해결의 다른 방식을 취하기 전에 조정을 신청하기로 합의한다.

앤드류 휘태모어 박사와 싱손 박사는 이 합의가 효력을 발휘되기 전에 각각의 변호사에 검토된다는 것을 서로 양해한다.

이 합의 제공과 관련하거나 우리가 스스로 해결할 수 없는 고용계약의 수정과 관련한 미래 분쟁이 발생할 경우 법원에서 해결하기 전에 조정을 신청하기로 우리는 합의한다.

우리는 각자 이 합의의 의미를 고려해 왔고 이것을 우리의 법률 고문에게 의논해 왔고 또한 공정하고 공평한 조치라고 생각한다. 우리는 이 합의가 근로계약에 관한 모든 쟁점의 최종 해결로 하고자 한다.

<table>
<tr><td>______________________
리처드 싱손, 의학박사
(FMC 의료원)</td><td>______________________
앤드류 휘태모어, 의학박사</td></tr>
<tr><td>______________________
날자</td><td>______________________
날자</td></tr>
<tr><td>______________________
변호사/증인</td><td>______________________
변호사/증인</td></tr>
<tr><td>______________________
날자</td><td>______________________
날자</td></tr>
</table>

출처: Moore(2003), 478-480; 원창희(2005), 168-170.

4. 조정의 종료

조정 합의의 문서행위로 조정의 공식적인 절차는 종료될 수 있다. 그러나 공식적인 조정의 종료가 중요하다. 조정 종료 의식으로 악수를 한다거나 만찬을 한다거나 샴페인 건배를 할 수 있다. 이러한 절차는 평화적 해결을 나타내고 합의준수 가능성을 높인다. 특히 당사자 간 화해가 있는 사건에서는 종료가 중요하다. 종료 의식이 있든 없든 조정인은 당사자들이 공식 종료에 도달했음을 확정해야 한다.[103]

종료 의식이 중요함에도 불구하고 그런 절차를 해서는 아니 되는 경우도 있다. 사기나 고의적 또는 의도적인 행위가 포함된 사건이 주로 그런 경우이다. 조정인은 당사자들이 종료 의식을 원하지 않는다면 당사자들에게 이를 강요해서는 아니 된다. 예를 들어 성희롱 사건에서 피해자가 합동회의에서 가해자를 대면한 상태에서 조정인이 종료할 수도 있으나 해결이 완료된 후 피해자가 가해자 대면과 같은 추가적인 종료를 원하지 않는 경우가 많다. 따라서 조정인은 종료 의식이 당사자들의 소원이면 이를 제공해야 하고 당사자들이 더 이상의 접촉이나 종료를 원하지 않으면 조정인은 그 의사를 존중해서 종료 의식을 해서는 아니 된다.[104]

조정의 종료에서 조정인은 다음 사항을 확인해야 한다.[105]

① 당사자들이 주소, 전화번호 같은 필요 정보를 교환할 것

② 모든 참가자들이 합의서 복사본을 수령할 것

③ 당사자 사이 또는 당사자와 조정인 사이 후속 조치는 명확하고 구체적일 것

④ 날자, 시간, 장소가 명백하고 서면으로 작성될 것

참가자들이 합의서에 서명한 후 합의서 복사본은 각 당사자에게 배포하고 보통 참가자들은 조정의 공통적 종료 수단으로서 악수를 하게 된다.

사례 8.3 산재피해보상 조정 합의서

원고는 건설하도급 업체에 고용되어 건설현장에서 산재 사고를 당해 피해보상의 손해배상 청구소송을 제기하였다. 조정회의에서 조정한 결과 다음과 같은 합의서를 작성하게 되었다.

1.피고는 원고에게 5,000만원을 ****년 **월 **일까지 지급한다. 만일 피고가 위 금액 지급을 지체하는 경우 피고는 미지급금에 대해 지체일 다음날부터 다 갚는 날까지 연 12%의 비율로 계산한 지연손해금을 가산하여 지급한다.
2.원고는 나머지 청구를 포기한다.
3.소송비용 및 조정비용은 각자 부담한다.

****년 **월 **일
원고: *** 서명
피고: *** 서명

---

5. 미결 조정의 사후 관리

　조정이 합의 없이 종료되었을 경우 조정인은 사후 관리를 해야 한다. 당사자들은 조정인의 합리적이고 비 강압적인 사후 관리를 선호하고 있고 조정인의 성실한 약속의 증거로서도 평가한다.[106] 때로는 당사자들이 조정회의를 어떤 진척이 있도록 미루어두고 협상이 재개되기 전에 상황을 쌓아두기도 한다. 조정인은 연결고리로서 당사자들이 새로운 해결 감정이 있는지 검증하고 새로운 제안을 확장하는 허락을 얻을 수도 있다.

　최종 해결이 없이 조정이 종료될 경우 당사자들은 그 이후 어떤 날짜에 조정으로 복귀할 것을 결정해야 한다. 특별한 시간은 원래 조정회의에서 사전 결정될 수도 있다. 예를 들어 당사자 한 쪽이나 양측이 자료를 되찾기 위해 추가적인 정보나 시간이 필요하면 조정인은 그러한 욕구를 반영해서 다음 회의의 시간과 장소를 명기한 합의나 양해각서를 작성할 수 있다.

제4부 조정의 윤리와 제도

제9장 조정인의 행동 윤리와 자격

　조정인이 어떤 행동을 해야 직업적으로 적합할지 그리고 조정인은 어떤 자격 조건을 갖출 때 조정을 수행할 수 있을지도 매우 중요한 문제이다. 결국 이러한 제약은 조정의 질적 수준을 보장하기 위한 제도적 장치인 셈이다. 이 장에서는 조정인의 윤리적 문제를 역사적 배경과 실제적 운영 현황을 살펴볼 것이다. 또한 조정인 행동이 과실의 책임이 발생할 수 있는지 이론적으로 그리고 실제적으로 검토한다. 조정인의 질적 통제를 하기 위한 자격 문제도 다루고자 한다.

1. 조정인 윤리강령

　조정인의 윤리 문제는 지역공동체 수준에서 시작된 조정프로그램에서부터 발생하기 시작하였다. 조정인은 다양한 분야에서 지원된 자원자들이므로 규제되지 않은 조정에 효과적으로 활동하기 위해서는 조정의 표준이나 가이드라인을 수립할 필요성이 대두하였다. 그러나 조정이 여러 분야의 복합으로 구성되어 있어서 한 분야에서 만들어진 어떤 윤리강령이 다른 조정상황에 바로 적용할 수 있을지에 대해 의문을 제기하기도 하였다. 왜냐 하면 조정인들이 조정기간동안 한 직업성을 계속 유지할지도 불확실하고 다른 직업의 윤리적 가이드라인이 조정에 관련이 있을지도 의문이었기 때문이다.

　이러한 논란 중에 대부분 윤리적 표준에는 최소한의 해서는 안 될 것들

을 포함하고 있다. 즉, 부정, 사기, 갈등, 부정직 등은 당연히 해서는 안
되며 조정에 이러한 부적절한 행위들을 해서는 안 된다는 것은 인정하였
다. 그러나 조정은 직업별로 서로 다른 스킬과 행동을 요구하곤 한다. 예
를 들어 변호사는 적대적 행위에 전제된 특별의무가 있고 사회근로자
(social workers)의 윤리는 치료적 접근방법을 지향해야 한다. 그래서
여러 직업의 많은 윤리적 표준이 조정인 윤리로서 적용하기 쉽지 않았다.
그럼에도 불구하고 조정인의 윤리적 강령을 수립해야겠다는 시도가 있어
왔다.

콜로라도의 분쟁해결센터(Center for Dispute Resolution, 현재는
CDR Associates)가 윤리적 문제의 선두주자였다. 1982년 CDR협회는
처음으로 조정인의 직업행동강령(Code of Professional Conduct for
Mediators)을 수립하여 공표함으로써 윤리강령을 촉진하였다. 이 강령은
모든 종류의 조정인들에게 적용되도록 만들어졌는데 1982년 콜로라도
조정인의회에서 채택되었으며 나중에 유사한 많은 조직들도 이를 채택하
였다.107)

유사하게 분쟁해결전문가협회(Society of Professionals in Dispute
Resolution, SPIDR)의 이사회도 조정인을 포함한 모든 중립인들을 통치
하는 윤리강령을 1986년에 채택하였다. 같은 해에 하와이대법원은 공공
및 민간 조정인들 모두에게 적용할 가이드라인을 제정하였다. 윤리와 행
동표준의 차이점을 고려하여 하와이주에서는 민간 및 공공조정인의 표준
(Standards for Private and Public Mediators)이라는 용어를 사용하
였다.108)

그 외에도 많은 분쟁해결센터들이 윤리강령을 개발하였다. 예를 들어
텍사스에서는 12개의 지역센터가 서로 연대하여 텍사스모델의 윤리강령
을 제정하여 적용하였다. 이혼분야에서 조정인들이 많이 활동하는 관계

로 가족조정인학회(Academy of Family Mediators)는 가족이혼조정실행표준(Standards of Practice for Family and Divorce Mediation)이라는 특별한 강령을 제정하였다.[109]

조정이 법원 내로 확대되면서 변호사들이 조정을 하게 되고 변호사의 윤리규정이 적용되어야 한다는 주장이 제기되었다. 그러나 대변자와 조정인은 근본적으로 역할이 달라 변호사 윤리강령을 채택할 수 없다는 것을 인정하였다. 그래서 변호사 조정인에게도 적용할 수 있도록 직업행동표준규칙(Model Rules of Professional Conduct)을 수정하였지만 근본적인 변화는 없었다. 미국변호사협회(American Bar Association)는 가정 관련 변호사조정인 규칙을 채택하고 주 및 지방 변호사협회도 윤리위원회를 통해 변호사조정인 가이드라인을 설정하려고 하였다.[110] 변호사 조정인과 비변호사 조정인의 이해관계는 다를 수 있음을 알게 되었다. 그러나 현장에 있는 대부분의 사람들은 변호사 조정인의 특수성이 주장됨에도 불구하고 모든 조정인에게 적용되는 윤리강령을 선호하였다.

현재 사용되고 있는 조정인 윤리강령의 예는 다음과 같다.[111]
SPIDR: 직업행동윤리표준(Ethical Standards of Professional Conduct)
가족알선법원협회: 가족이혼조정모범실무표준(Model Standards for Practice for Family and Divorce Mediation)
하와이주: 조정인 표준(Standards for Mediators)
콜로라도 조정인 및 조정조직 의회: 조정인직업행동강령(Code of Professional Conduct for Mediators)
텍사스 갈등해결센터장의회: 자발조정인 윤리강령(Code of Ethics for Volunteer Mediators)

오레곤 조정협회: 조정실무표준(Standard of Mediation Practice)

플로리다주: 인정 및 법원지정 조정인 직업행동표준(Standard of Professional Conduct for Certified and Court Appointed Mediators)

이들 행동강령은 다양하게 존재하고 있지만 일관성 있게 규정하고 있는 쟁점들이 있다. 공통적 쟁점은 이해관계 충돌, 조정인 역할, 공정성, 비밀유지, 직업자문제공, 수수료, 광고, 공평한 합의, 자격, 훈련, 계속교육 등이다. 그 외 어떤 강령은 법원에 대한 조정인 책무, 당사자들의 자기결정, 외부인과 결석한 당사자의 이해관계, 분리회의, 다수과정의 사용 등을 포함하고 있다.

행동강령에 대한 문헌조사에서 주요 쟁점으로 등장하는 것은 다음과 같다.112)

비밀유지: 조정인이 당사자들이 알려주는 정보에 대해 비밀을 유지해야 하는지의 문제

중립성: 조정인이 당사자들의 어느 한쪽으로 치우치지 않고 중립적이어야 하는지의 문제

이해관계 상충: 조정인은 분쟁당사자들과 이해관계가 전혀 얽히지 않아야 하는지 문제

공정성: 조정인은 해결의 결과와 전혀 관련성이 없어야 하는지의 문제

조정인 역할 대비 자기결정: 문제를 가장 잘 아는 조정인이 해결에 직접 개입해야 하는지 아니면 당사자들이 스스로 결정하도록 놔둬야 하는지의 문제

직업자문 제공: 조정인이 당사자들에게 법률, 재정, 기술, 치료 등 직업적인 자문을 줘야 하는지의 문제

홍보, 수수료: 광고가 진실이어야 하고 수수료가 적절해야 하는지의 문제

조정이 발달하면서 주요 조정기구들이 공동으로 윤리강령을 제정하기에 이르렀다. 미국중재협회(American Arbitration Association, AAA), 미국변호사협회(American Bar Association, ABA), 분쟁해결전문가협회(Society of Professionals in Dispute Resolution, SPIDR)는 분쟁조정인의 행동강령을 제정하기 위해 1992년에 위원회를 결성하였다.[113] 이 위원회는 1994년 조정인모범행동표준(Model Standards of Conduct for Mediators)을 제정하였으며 2005년에 수정하였다.[114] 참여 위원 중 분쟁해결전문가협회는 갈등해결협회(Association for Conflict Resolution)으로 개명되어 수정작업에 참여하였다.[115] 조정인모범행동표준은 다음과 같이 9가지의 기준으로 구성되어 있다.[116]

기준 1. 자기결정(Self-Determination)

기준 2. 공정성(Impartiality)

기준 3. 이해의 충돌(Conflict of Interest)

기준 4. 역량(Competence)

기준 5. 비밀유지(Confidentiality)

기준 6. 프로세스의 질(Quality of the process)

기준 7. 홍보와 영업(Advertising and solicitation)

기준 8. 비용관련(Fee and other charges)

기준 9. 조정실무의 개선(Advancement of mediation practice)

① 자기결정

조정인은 자기 결정의 원칙에 기초해서 조정을 실행해야 한다. 자기결정이란 각 당사자들이 과정과 결과에 대한 자유롭고 정보에 의해 선택

하는 자발적이고 비강제적 결정에 도달하는 행동이다. 당사자는 조정인 선택, 과정 설계, 과정과 결과에 참여나 철수 등 조정의 어떤 단계에서 자기 결정을 행사할 수 있다.

② 공정성

조정인은 공정한 방법으로 조정을 할 수 없다면 조정을 거부해야 한다. 공정성이란 선호, 편파 또는 편견으로부터 자유로움을 의미한다. 조정인은 공정한 태도로 조정을 실행해야 하고 편파적 모습을 주는 행동을 피해야 한다.

③ 이해의 상충

조정인은 조정 중이나 그 이후에 이해 상충이나 이해 상충의 모습을 피해야 한다. 이해의 상충은 조정인이 분쟁의 주제에 개입한 상황이나 조정인과 당사자 간에 어떤 관계로부터 발생한다. 이러한 상황은 과거이든 현재이든, 개인적이든 직업적이든 조정인의 공정성 문제를 합리적으로 제기할 수 있다.

조정인은 자신에게 합리적으로 알려져 있고 조정인 공정성에 문제를 제기할 수도 있는 모든 실제적, 잠재적 이해의 상충을 실행 가능한 한 조속히 공개해야 한다. 공개 후 모든 당사자들이 동의하면 조정인은 조정을 계속할 수 있다.

④ 역량

조정인은 당사자의 합리적 기대를 충족시킬 수 있는 역량을 가지고 있을 때만 조정을 해야 한다. 조정인이 조정기간 중 역량 있게 조정을 실행할 수 없다고 결정하면 가능한 빨리 당사자들과 협의해서 철수하거나 적절한 지원을 요청하는 등 적절한 조치를 취해야 한다.

⑤ 비밀유지

조정인은 당사자가 합의하거나 적용 법률에 의해 요구되지 않는 한 조정 중에 조정인에 의해 획득한 모든 정보의 비밀을 유지해야 한다. 조정 기간 중 개별 회의에서 어떤 사람과 만난 조정인은 분리회의에서 취득한 어떤 정보도 발표자의 동의 없이 다른 사람에게 직접적으로나 간접적으로나 전달해서는 안 된다.

⑥ 프로세스의 질

조정인은 행동표준에 맞춰야 하고 근면, 적시성, 안전성, 적합한 참석자, 당사자 참석, 과정 공평성, 당사자 역량, 참석자들 간 상호 존중을 촉진하는 태도로 조정을 실시해야 한다. 조정인은 자신과 당사자들의 행동이 행동표준에 일치하는 조정을 위태롭게 한다고 믿으면 조정의 연기, 철회 또는 종료 등 적절한 조치를 취해야 한다.

⑦ 홍보 및 권유

조정인은 조정인의 자격, 경험, 서비스, 수수료를 홍보하거나, 권유하거나, 소통할 때 정직해야 하고 오도하지 않아야 한다. 조정인은 어느 당사자를 위하거나 거슬리거나 하는 모습을 주거나 과정의 온전함을 해치는 태도로 권유해서는 아니 된다. 조정인은 당사자 허락 없이 당사자 이름을 판촉 자료나 다른 형태의 소통 방법으로 다른 사람에게 말해서는 아니 된다.

⑧ 수수료 및 기타 비용

조정인은 조정과 관련하여 발생하는 조정 수수료, 비용 및 기타 실질
적, 잠재적 요금에 대한 정확하고 완전한 정보를 각 당사자나 그 대표에게
제공해야 한다. 조정인은 조정인의 공정성을 해하는 방법으로 수수료를
부과해서는 아니 된다.

⑨ 조정실무의 개선

조정인은 조정 실무를 개선하는 태도로 행동해야 한다. 조정인은 조정
분야의 다양성을 촉진하거나, 참석자 피드백 조사에 참석하거나, 조정의
이해와 개발을 돕는 교육에 참여하거나, 신규 조정인 훈련을 지원하는
등으로 이 행동표준을 홍보해야 한다.

조정인은 조정 분야 내의 다른 관점을 존중하고, 다른 조정인으로부터
배우고자 하고, 전문성을 향상시키고 갈등에 있는 사람들을 더 잘 도와주
기 위해 다른 조정인과 더불어 협업해야 한다.

사례 9.1 플로리다 조정인 직업행동표준

Rule 10.020 전문
 1) 목적
 이 규정은 조정과정에서 대중 신뢰를 주입시키고 촉진하기 위해 제정되었다. 다른 분쟁
해결 형태와 마찬가지로 조정은 대중의 이해와 신뢰의 토대로 구축되어야 한다. 조정인으
로서 활동하는 사람은 당사자들, 대중 그리고 법원에 대해 스스로 그 신뢰를 획득하는
태도로 행동하는 책임을 진다. 이 규정은 인증되었거나 법원이 명령한 모든 조정인에게
적용된다. 이 규정은 또한 조정인으로서 직업적 책임을 이행하는데 있어서 조정인의 행동
에 대한 가이드로서 역할하기 위해 제정되었다.

 2) 조정의 정의
 조정은 중립적 제3자가 사전 처방 없이 분쟁 해결을 장려하고 촉진하기 위해 행동하는
과정이다. 조정은 분쟁 당사자들이 상호 수용가능한 합의에 이르도록 도와줄 목적으로
시행되는 비공식적, 비적대적 과정이다.

3) 조정인의 역할

조정에서 의사결정 주체는 당사자이다. 조정인의 역할은 쟁점의 식별, 소통 장애의 경감, 대안 개발의 극대화, 당사자들의 자율적 합의 도달 지원을 포함하되 이에 국한하지 않는다.

4) 일반 원칙

조정은 다음을 강조하는 소통, 협상, 촉진, 문제해결의 원칙에 토대한다.
-당사자의 욕구와 이해관계
-공정성
-과정 유연성
-사생활과 비밀유지
-완전 공개
-자기결정

Rule 10.030 일반 표준과 자격

1) 일반 사항

성실, 공평, 직업적 역량은 조정인의 핵심 자격이다. 조정인은 직업적 서비스를 제공하는데 최고 기준의 성실, 공평, 직업적 역량을 고수해야 한다.

① 조정인은 어떤 개입을 수용하거나, 어떤 서비스를 제공하거나, 조정인의 성실과 타협할 어떤 행동을 해서는 아니 된다.

② 조정인은 다음 사항을 포함하되 이에 국한하지 않는 조정 스킬의 직업적 역량을 유지해야 한다.
-법원명령 조정의 실행과 관련한 모든 법률, 규정, 행정명령을 인지하고 준수할 것
-자격이 있다면 이 규정의 요구를 충족시킬 것
-직업적 성장을 촉진하는 교육활동에 정기적으로 참여할 것

③ 조정인은 조정사건이 조정인의 역량을 벗어나는지 결정할 때 선임을 거절하거나 철회하거나, 기술적 지원을 요청해야 한다.

2) 동시 발생 표준

여기의 어떤 것도 이 규정과 충돌하지 않으면서 조정인의 직업적 소명에 의해 조정인에게 부과될 수도 있는 관련 윤리 표준을 대체하거나, 제거하거나, 적용 못하게 해서는 아니 된다.

출처: Kovac(2000), 312-313.

2. 조정인 과실 책임

대부분 서비스 제공자에게 사적 과실 책임(private liability for malpractice)은 큰 위협이 된다. 소비자는 표준 이하의 서비스를 받게 되면 서비스 제공자를 대상으로 민사 소송을 제기할 수도 있다. 조정을 제공하는 조정인에게도 같은 상황이 발생할 수 있다. 그런데 현실적으로 는 대부분 조정인이 과실 책임에 노출되지 않고 진행하고 있다.117) 다음 에서 조정인 면책, 돌봄의 모호한 기준, 인과관계와 손실에 대해 알아보 겠다.

1) 조정인 면책

어떤 조정인은 면책이 있기 때문에 조정인으로서 행동에 대한 사적 책 임의 두려움 없이 조정에 임한다. 면책에는 준사법적 면책, 유자격 면책, 계약상 면제가 있다.118)

준사법적 면책(quasi-judicial immunity)은 손해 의혹 소송으로부터 조정인을 보호하는 면책의 보편적 법률 형태이다. 준사법적 면책은 판사 의 판정이 한 당사자를 공격하면 당사자가 판사를 고소할 수 있다는 두려 움 없이 판사가 직무를 수행하기를 원하는 사법적 면책을 유사하게 적용 하고 있다.

유자격 면책(qualified immunity)은 자격이 있는 행동으로 제한적이 다. 의도적 왜곡 같은 터무니없는 행동으로부터 초래하는 손상에 대한 책임은 유자격 면책에서 제외된다. 유자격 면책이 있는 조정인은 대체로 사적 책임의 위협으로부터 자유롭다. 미국의 와이오밍(Wyoming)과 플로 리다(Florida) 주 법령은 유자격 면책을 채택하고 있다.

계약적 면제(contractual waiver)는 조정을 실시하기 전 계약서에 면제조항을 포함하는 것을 말한다. 예를 들어 "당사자는 이 조정으로부터 발생하는 조정인의 태만이나 과실로 인한 소송을 제기하지 않는다."라는 조항을 조정 계약서에 넣을 수 있다.

2) 조정인의 돌봄 기준

대부분 조정인 계약은 조정인이 무엇을 해야 하고 무엇을 하지 않는 것인지에 대해 모호한 약속들을 포함하고 있다. 이 계약은 조정에 대한 불만의 토대로서 별로 역할을 하지 못 한다. 대신 대부분의 조정인에 대한 불만은 서비스 제공자에 대한 불법에 의한 과실의 청구와 유사한 형태이다.119)

조정인 과실을 주장하는 원고는 조정인의 행동이 이 분야의 전문가들이 준수하는 정상적 돌봄 표준(normal standard of care)을 충족시키기 못했다는 것을 입증해야 한다. 정상적 돌봄 표준으로 분류될 수 있는 예를 들어 보면 다음과 같다. 조정인이 술에 취한 채로 나타나거나, 조정인이 깜빡 잊고 전혀 나타나지 않거나, 조정인이 조정 합의서의 구체적 조항을 위해한 경우 등이 이에 해당할 것이다.

유사하게 조정인이 이해 상충(conflict of interest)을 밝히지 않는다면 해당 주가 균일조정법(Uniform Mediation Act)를 채택한 경우 조정인은 돌봄 의무를 위반하게 된다.120) 뿐만 아니라 조정인이 소속한 전문 기관이 이해 상충을 밝히도록 요구하는 윤리조항을 채택하고 있다면 돌봄 의무 위반이 된다. 또한 조정이 계약서의 조항이 돌봄이나 의무 기준을 명시적 또는 묵시적으로 포함하는 경우에는 같은 상황이 적용될 수 있다.

3) 인과관계와 손실

돌봄 의무를 위반했다는 주장은 불만족하는 당사자가 조정인 행동이 보상해야할 손실을 초래했다는 것을 입증할 수 있을 때만 의미가 있다. 단순한 상황에서는 입증에 별로 어려움이 없다. 예를 들어 "조정인이 나타나지 않아서 하루를 허비하고 비용이 발생했다."라고 하면 명백하게 입증할 수 있는 주장이다. 그러나 "조정인의 행동이 사건 해결에 영향을 미쳐서 심각한 손실이 발생할 거 같다."라고 하면 입증하기 쉽지 않다.

그러한 환경에 불만을 제기하는 당사자는 인과관계와 손실을 보여줘야 하는 어려움에 봉착한다. 다른 조정인의 행동은 다른 해결을 만들어낼 것이다 는 것을 어떻게 증명할 수 있을까? 해결 합의에 사인을 한 사람은 조정인이 아니라 원고라는 사실을 우회할 수 있을까?

이러한 질문의 높은 이론적 성격 때문에 조정인의 과실 행동이 성공적으로 입증되는 경우가 드물다. 결과적으로 조정인이 조정으로 고소되는 전형적인 사례는 아직 없다.[121]

3. 조정인 자격

조정인의 윤리와 더불어 조정인의 자격에 대한 논의도 활발히 이루어져 왔다. 조정은 20세기 후반에 들어서 발전하기 시작하였다. 연대별로 보면 70년대는 조정을 실험하는 시기였고 조정 프로그램을 완성하는 시기였으며 90년대는 필드에서 조정을 규제하는 시기였던 것으로 구분해볼 수 있다.[122] 말하자면 조정을 아무나 할 수 있는지, 조정인의 자격은 어떻게 규제되어야 하는지 등 조정의 질적 통제(quality control)에 대해 관심이 집중되었다. 조정인의 자격, 증명, 평가의 문제가 계속 진행되고 있으나 조정인 증명 가이드라인을 입법화한 미국의 소수 주를 제외하고는 어떤 주나 조직도 엄격한 규제나 면허증 절차를 설정하고 있지 않다.

조정인으로서 자격은 조정인을 경력으로 개발하려는 사람들에게는 중요한 지침이 된다. 훈련을 표준화함으로써 분쟁당사자들에게 신뢰성을 제고하고 전문성 느낌을 주게 된다. 자격의 설정은 필드의 합법화, 조정 성장의 준비, 조정절차의 표준화를 동반하여 조정의 전문성을 구축할 수 있다. 또한 조정의 차이점에 대한 마케팅과 교육이 제공되고, 통제가 유지되고, 문제의 시정이 마련되어 대중들도 이득을 본다.123)

한편 조정인 자격 설정에 대한 반대 입장을 표명하는 목소리도 만만치 않다.124) 자격으로 제한하는 것은 ADR 사용의 성장을 위축시킬 수 있다. 더구나 조정인의 스킬과 성공적 결과 간의 실질적 관련성을 아직 입증하지 못했다는 주장도 있다. 조정의 성공을 결정하는 것이 무엇인지도 아직 결정되지 않았다는 것이다. 자격은 비용을 유발하고 조정인 업무를 분명히 제약할 것이라는 점도 지적되었다. SPIDR 위원회에서도 강제적 표준은 필드에 부적절한 장벽을 만들고 혁신적 노력을 제약할 것이라고 인식하였다. 그럼에도 불구하고 조정인들은 조정인의 자격을 수립해야한다는 방향으로 움직이고 있다.

조정의 실무에서 질적 통제를 실시하는 방법은 다양하다. 대부분의 기존 질적 통제기법은 지역공동체나 법원연계 프로그램에서 사용되었다. 주요 기법들로는 조정인 지원자 선발, 조정인 훈련 및 교육, 조정인 역량의 검증과 평가, 자격이나 면허절차에 의한 규제, 행동표준의 제정, 책임 소재의 설정 등을 포함하고 있다.125) 이러한 요소들을 정확하게 실행한다면 조정실무의 품질을 제고할 수 있을 것이다.

문제는 누가 이러한 자격을 평가하고 통제할 것인가이다. 법원연계형 프로그램에서는 법원이 이러한 역할을 해야 한다고 하고 지역공동체센터에서는 비영리단체의 이사회나 기금단체가 조정인 자격의 책임을 져야한다고 한다. 다른 프로그램이나 개방된 시장에서는 누가 그러한 역할을 해야 할지 아직 결정되지 않았다. 아마도 소비자나 조정인 조직이나 주정부기구가 될 수도 있다. 이렇게 자격 통제의 주체에 대해 어떤 분명한 일관성이 별로 없는 편이다. 모든 조정인에 대한 일관성 있는 자격부여를 위해서 취할 수 있는 하나의 방법은 다른 직업의 주정부위원회와 같이 주정부의 조정인 면허위원회를 설립하는 것이다.[126]

1992년 플로리다 대법원은 미국에서 처음으로 조정인의 자격에 대한 가이드라인을 제정한 조직이다.[127] 1장의 조정인 자격을 보면 카운티법원 조정인은 순회법원이나 가정법원 조정인으로서 자격이 있어야 하는데 기본적으로 30시간의 대법원 훈련과정을 이수해야 하고, 최소 4번의 카운티법원 컨퍼런스에 참관하고 최소 4번의 카운티법원 컨퍼런스를 실시해야 하고, 선량한 도덕적 품성을 가져야 한다.

가정법원 조정인은 40시간 이상의 대법원 가사조정훈련프로그램을 이수해야 하고, 사회작업, 정신건강, 행동 또는 사회과학 분야의 석사 또는 박사 학위 소지자, 의사, 변호사의 자격을 보유해야 하고, 이들 분야에서 최소 4년의 실무경험이 있거나 최소 8년의 연간 10건 이상 가사조정경험이 있어야 한다. 또한 가정법원 조정인은 2번의 가사조정을 참관하고 2번의 가사조정을 실시해야 하고 마찬가지로 선량한 도덕적 품성을 가져야 한다.

순회법원 조정인은 가정법원 조정인과 유사하게 최소 40시간의 순회법원조정훈련프로그램을 이수하고, 최소 5년간의 플로리다변호사회원이거나 최소 5년간 재판경험이 있는 은퇴판사여야 하고, 2번의 순회법원 조정을 참관하고 2번의 순회법원조정을 실시해야 하고, 선량한 도덕적 품성을 가져야 한다.

이상에서 보듯이 미국에서 조정인 자격과 관련하여 찬반양론이 분분한 가운데서 어떤 형식으로든 조정의 질적 통제를 가하려는 움직임은 계속되고 있다. 조정인 행동강령이 통합적으로 추진되었듯이 조정의 질적 통제도 향후에 상당부분 진척될 것으로 예상된다.

우리나라에서는 조정이 대부분 법원연계형으로 이루어지거나 분야별 정부기구에서 실시되고 있다. 노동위원회에서 공익위원에 대한 자격규정과 같이 특별한 규제가 있는 경우도 있지만 상당부분은 규정이 없거나 일반적인 언급에 불과한 실정이다. 민간부문에서는 공인된 자격증은 없으며 일부 조직에서는 자율적인 민간 자격증을 수여하기도 한다.[128]

사례 9.2 과거 조정인의 부적격 대리인 사례

본 사례는 소프트웨어 회사에 같이 취업했다가 퇴직 후 유사한 소프트웨어 회사를 설립하여 활동하다가 그 회사가 지적재산권 침해 소송을 제기하자 조정으로 해결하였는데 이 때 담당했던 조정인이 그와 연류된 다른 소송의 변호사를 맡았다가 부적격 명령의 소가 제기된 사례이다.

1989년 유 수(Yu Su)는 마이크로매스(Micromath) 회사에 소프트웨어 엔지니어로 채용되었다. 샤우 왕(Xiaowu Wang)은 1990년 같은 회사에 취업하였다. 1992년에는 수와 왕이 마이크로매스를 퇴직하고 폴리소프트(Polysoft) 파트너십을 설립하여 수학그래픽 소프트웨어를 생산하기 시작하였다. 마이크로매스는 즉각 폴리소프트를 지적재산권 침해로 고소하였다. 마이크로매스는 소장에서 왕과 수가 마이크로매스에 근무할 때 유저핸드북과 컴퓨터소스코드를 획득하여 테크노플롯(Technoplot, 나중에 PSI-Plot)을 개발하는데 불법적으로 그러한 정보를 이용했다고 주장하였다.

소송이 제기된 후 곧 양측은 분쟁을 해결하기 위해 조정을 신청하기로 합의하였다. 이 때 조정인으로는 브로드벤트(Berne S. Broadbent)가 선정되었다. 브로드벤트는 분리회의와 합동회의를 번갈아 가며 개최하면서 회의를 적극적으로 주재하였다. 이 당시 왕과 수는 브로드벤트와 비밀회의에서 소스코드와 핸드북의 비교를 자세하게 분석하는 대화를 나누었다. 조정의 결과 마이크로매스와 폴리소프트는 성공적으로 분쟁해결에 합의하였다.

그런데 1993년 12월에 왕과 수는 폴리소프트 파트너십을 해체하면서 수는 폴리소프트에 대한 자신의 지분을 왕에게 양도하고 대신 PSI-Stat 소프트웨어 권리를 보유하게 되었

다. 왕은 PSI-Plot와 PSI-Math 프로그램 권리를 확보하였다. 결과적으로 왕은 회사를 폴리
소프트웨어(Poly Sofware)로 재구성하고 수는 데이터모스트(Datamost) 를 설립하였다.

　　1994년 11월 폴리소프트웨어는 수와 데이터모스트 종업원을 대상으로 지적재산권 침
해로 소송을 제기하였다. 폴리소프트웨어는 데이터모스트의 PSI-Stat가 PSI-Plot의 유저
핸드북 상당한 부분을 불법적으로 복사했고 소스코드를 이용하였다고 주장하였다.
　　수와 데이터모스트는 왕의 변호사인 브로드벤트를 부적격자로 명령 내려 달라는 반소
를 제기하였다. 이 반소는 브로드벤트가 이전의 마이크로매스 소송에서 조정인으로 역할
을 하였다는 사실에 토대하여 제기되었다. Utah Prof. Conduct Rules, Rule 1.12(a)에 의하
면 "변호사는 자신이 개인적으로든 실제적으로든 판사, 심판관, 중재인, 법률사무원이었던
문제에 관련된 사람을 대표할 수 없다." 라고 규정되어 있다. 브로드벤트가 조정했던 마이
크로매스 소송과 현재 소송은 공통적인 사실관계를 가지고 있기 때문에 브로드벤트는
이 사건의 변호사를 맡을 수 없다는 것이다.

출처: Kovac(2000), 281-285; 원창희(2016), 204-206.

제10장 한국과 미국의 조정제도 비교

앞의 9개 장에서 갈등과 분쟁의 이해와 조정의 스킬 및 윤리를 학습함으로써 조정을 어떻게 실행하는지 이해하게 되었다. 제10장에서는 조정이 현실에서 어떻게 적용되고 운영되는지의 실태를 법률적, 제도적 측면에서 조사할 것이다. 한국의 조정제도를 살펴보기 위해 사법형, 행정형, 민간형으로 분류하여 법제도와 통계를 분석하려고 한다.

조정을 포함하는 ADR이 미국에서 시작되었기 때문에 미국의 ADR 중 조정제도를 살펴보는 것은 의미가 있다. 미국의 조정제도도 한국과 마찬가지로 사법형, 행정형, 민간형으로 분류하여 역사, 제도, 실태를 조사할 것이다. ADR이 태동한 미국의 조정제도와 실태를 분석하고 한국의 조정제도와 실태와 비교하여 그 차이점과 유사점이 무엇인지를 요약하고, 한국 조정의 미래 발전을 위한 시사점도 제시하려고 한다.

1. 한국의 조정제도와 실태

우리나라에서 조정이 어떤 제도와 형식으로 이루어지는지 모두 파악하는 것이 매우 힘든 일이다. 그럼에도 불구하고 조정제도를 유형화해보고 법적 근거와 조정 절차와 특성을 개략적으로 살펴봄으로써 한국적 조정에 대한 이해를 돕고자 한다. 조정을 누가 실시하느냐에 따라 분류해보면 사법부가 법원과 연계하여 실시하는 사법형 조정제도가 있으며, 행정부가 직접 조정기구를 설립하여 조정을 시행하거나 행정부 산하단체가 조정기구를 설립하여 조정제도를 시행하는 행정형 조정제도가 있다. 사법부나 행정부가 직·간접으로 개입해서 조정을 수행하지 않고 민간단체가 독자적으로나 정부의 지원을 받아서 조정을 수행하는 민간형 조정제도가 있다. 사법형과 행정형 조정제도가 절대적인 비중을 차지하고 있고 민간형 조정제도가 발달하지 않은 실정이지만 3가지 유형으로 구분하는 것은 의미 있는 분류이다. 따라서 여기서는 사법형, 행정형, 민간형 조정제도를 차례로 설명하고자 한다.

1) 사법형 조정제도

(1) 민사조정제도

민사사건을 해결하는 기본법인 민사소송법은 1960년 4월 제정되었는데 1961년 9월과 1963년 12월에 일부개정이 있고난 다음 1990년 9월 민사조정법이 도입되기까지 27년간 법 개정이 이루어지지 않았다. 1960년대의 민사소송법에서는 화해한 경우 각자 비용을 부담한다는 정도만 규정되어 있다.

1990년에 1월 개정된 민사소송법에서 비로소 화해절차가 도입되었다. 민사상의 쟁의에 관하여 당사자는 청구의 취지, 원인과 쟁의의 실정을 명시하여 상대방의 보통 재판적 소재지의 지방법원에 화해의 신청을 할 수 있고 화해조서는 확정판결과 동일한 효력이 있다. 그러나 화해의 방법에 대해서는 구체적 조항이 없으며 제3자의 조력에 의한 쟁의 해결은 민사조정법에서 별도로 법제화되었다. 다만 2007년 개정된 민사소송법에서 직권으로 당사자의 이익, 그 밖의 모든 사정을 참작하여 청구의 취지에 어긋나지 아니하는 범위 안에서 사건의 공평한 해결을 위한 화해권고결정을 할 수 있도록 하였다.

우리나라 법원에 재판의 판결을 대체하는 조정제도를 도입한 것은 '민사조정법'이 제정된 1990년 1월이었다. 제정 민사조정법에서도 민사에 관한 분쟁의 당사자가 법원에 조정을 신청할 수 있고 제1심 수소법원이 필요하다고 인정하는 경우에는 당사자 쌍방의 동의가 있는 때에 한하여 소송이 계속 중인 사건을 결정으로 조정에 회부할 수 있게 함으로써 조정의 자율성을 중시하였다.[129] 그러나 수소법원에서 조정하는 비율이 너무 높은 것은 민사조정 취지에 맞지 않는 점이 있다. 판단자와 조정인이 분리되지 않아 조정의 자발성, 공정성을 의심받을 수 있기 때문이다.

우리나라는 당사자 간의 분쟁해결을 처리하기 위한 방법으로 법원에 소송을 제기하는 경향이 강하여 민사소송이 갈수록 증가해 왔다. 민사소송사건의 폭증은 법관을 증원하거나 각종 재판업무의 효율화 및 물적 설비의 확충 등의 방법으로 대처하고 있으나 충분치 않고 충실한 심리가 어려워져 왔다. 이러한 상황을 개선하기 위해 법관의 판결을 대체할 만한 현실적인 분쟁해결수단을 찾기 시작하였다. 결국 법원의 업무부담의 상당부분을 덜어주기 위해 서울과 부산에 법원조정센터를 2009년 4월에 각각 설립하였다. 서울법원조정센터 소속 상임조정위원들은 서울중앙지방법원과 서울고등법원 사건을 처리하고, 부산법원조정센터 소속 상임조정위원들은 부산지방법원과 부산고등법원 사건을 처리하고 있다.

1991년에 30만 건의 민사사건에서 조정사건은 3,000건에 불과하여 1% 정도였다. 2000년대에 들면서 민사사건이 100만 건을 상회하여 3-4배 정도 증가하였는데 조정사건은 5만 건을 넘어 10만 건에 육박하고 있어서 20-30배나 증가하는 성장세를 보이고 있다. 그러나 이 조정건수 중 수소법원조정이 아직도 80%나 차지하고 있고 민사소송 중 조정신청건수 비율이 1%도 못 미치고 있어서 일본의 조정신청건수 비율 약 10%의

1/10 수준에 불과하여 조정제도가 더 성장해야 할 형편이다.

　한편 우리나라에서 민사사건 급증으로 인한 재판부의 사건 부담을 줄이고, 소송 당사자의 재판 비용과 시간을 줄이기 위하여 조기조정제도가 도입되어 2010년 5월부터 시범적으로 시행되었다. 조기조정제도(Early Mediation)란 재판 절차가 시작되기 전 사건을 배당받은 재판부의 판단에 따라 조정에 적합한 민사사건을 선별하여 조정회부 결정을 하면 조정담당 판사가 법원조정센터와 민간에 설치된 변호사·회계사 등의 조정위원으로 구성된 조정위원회에 사건을 넘겨 조정부터 시도해보는 제도이다.

　종전의 조정제도는 재판이 진행되는 도중 재판부가 조정에 회부하면 수소법원 조정, 조정담당판사 조정, 조정위원회 조정으로 지정하여 사건을 처리하게 되어 있었다. 조기조정제도에서는 재판부가 조기조정에 회부하면 조정담당판사는 법원부속형 조정, 법원연계형 조정, 조정담당판사 조정으로 배분하여 조정을 진행시킨다. 이들 각 조정기관에서 거친 조정을 조정담당판사의 조정을 갈음하는 결정 또는 조정조서를 작성하며 합의불성립 시에는 소송으로 다시 진행하도록 되어 있다.

　그림 10.1에서 보는 바와 같이 법원부속형 조정은 서울법원조정센터(상임조정위원), 비상임조정위원, 상근조정위원(요일제)을 포함하고, 법원연계형 조정은 대한상사중재원, 대한변호사회, 공정거래조정원, 한국소비자원, 법학전문대학원 등 외부 분쟁조정기관에게 위탁하여 실시되고 있으며, 나머지는 조정담당 판사가 직접 조정하거나, 조정위원회를 통해 조정하거나, 사법연수생을 활용하여 조정하고 있다.

그림 10.1 조기조정 절차와 담당 조정기관

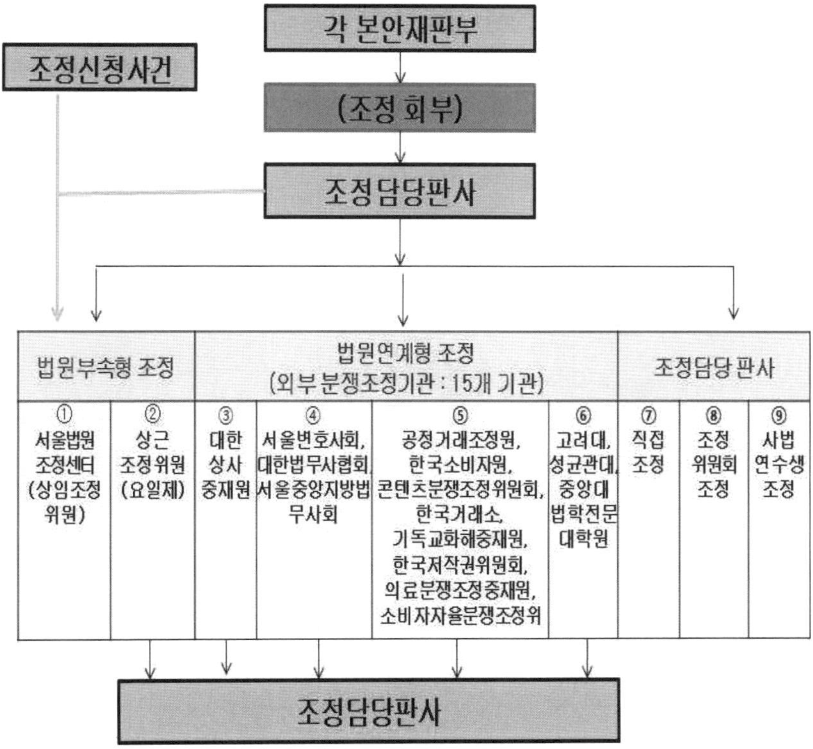

조정 기관별 민사조정 건수는 최신 자료의 제약으로 2014년 1~9월 자료를 이용하여 추세를 보고자 한다. **표 10.1**에서 보면 배정 건수는 서울법원조정센터 3,933건, 서울변호사회중재센터 1,401건, 상근(요일제) 조정위원 1,146건의 순으로 높다. 총 9,137건의 배정 건수 중 처리 건수는 8,323건이고 성공 건수가 2,436건이어서 29.3%의 성공률을 보이고 있다. 조정성공률은 콘텐츠분쟁조정위원회 64.4%, 대한법무사협회 52.6%, 서울중앙법무사회 52.2%, 조정위원회 44.6%의 순으로 높다.

표 10.1 조정 기관별 민사조정건수와 성공률(2014.1~9)

조정기관	배정 건수	처리 건수	성공 건수	성공률(%)
서울법원조정센터	3,933	3,548	725	20.4
조정위원회	649	592	264	44.6
상근(요일제)조정위원	1,146	1,102	363	32.9
비상임(개인)조정위원	32	32	11	34.4
사법연수생(6월~)	80	78	34	43.6
상사중재원	748	674	236	35.0
서울변호사회중재센터	1,401	1240	309	24.9
대한법무사협회	337	323	170	52.6
서울중앙법무사회	254	230	120	52.2
콘텐츠분쟁조정위원회	78	73	47	64.4
공정거래조정원	104	96	29	30.2
저작권위원회	144	135	61	45.2
한국소비자원	68	59	21	35.6
한국거래소	21	16	5	31.3
기독교화해중재원	13	10	2	20.0
로스쿨	83	73	27	37.0
소비자자율분쟁조정위	14	14	6	42.9
의료분쟁조정중재원	32	28	6	21.4
합계	9,137	8,323	2,436	29.3

출처: 서울중앙지방법원

　　최근 2023년, 2024년 전국적인 조정 통계를 요약 정리하면 **표 10.2**와 같다. 고등법원은 조정신청이 없고 조정회부만 있는데 2024년 1,247건의 조정회부 중 조정성립은 불과 40건이고 조정을 갈음하는 결정이 439건, 조정 불성립이 683건이어서 조정 불성립이 압도적으로 많다. 2024년 지방법원에는 조정회부 62,728건 외 조정신청 11,356건이 있으며 총 72,369건의 처리 중 조정 성립, 조정을 갈음하는 결정, 조정 불성립이 각각 7,731건, 25,307건, 29,785건으로 집계되어 조정 성립 10.7%, 조정을 갈음하는 결정 35.0%, 조정 불성립 41.2%으로 나타나 조정성립률이 10.7%로 매우 저조함을 알 수 있다.

표 10.2 법원 민사 조정담당판사 및 조정위원회 조정(2023, 2024)

(단위: 건수)

법원	연도	접수		처리				
		신청	회부	조정성립 (조정성립률)	조정을 갈음하는 결정	조정 불성립	기타	계
고등 법원	2023		983	30 (3.3%)	301	539	40	910
	2024		1,247	40 (3.2%)	439	683	81	1,243
지방 법원	2023	11,451	59,511	7,471 (10.8%)	24,121	28,890	8,874	69,356
	2024	11,356	62,728	7,731 (10.7%)	25,307	29,785	9,546	72,369
합계	2023	11,451	60,494	7,501 (10.7%)	24,422	29,429	8,914	70,266
	2024	11,356	63,975	7,771 (10.6%)	25,746	30,468	9,627	73,612

출처: 법원통계월보, "조정담당판사 및 조정위원회 조정," 2024.12

표 10.3 지방법원 민사 조정담당판사 및 조정위원회 조정(2014~2024)

(단위: 건수)

연도	접수		처리				
	신청	회부	조정성립 (조정성공률)	조정을 갈음하는 결정	조정 불성립	기타	계
2014	11,175	37,025	8,293 (17.4%)	14,808	17,991	6,473	47,565
2015	9,991	42,016	8,185 (16.0%)	17,864	17,883	7,140	51,072
2016	7,820	43,506	7,417 (14.6%)	16,529	21,357	5,626	50,928
2017	6,822	46,322	7,567 (14.6%)	16,386	21,791	5,958	51,702
2018	7,828	48,675	7,313 (12.7%)	20,023	22,945	7,142	57,423
2019	10,258	50,642	7,916 (13.5%)	20,384	22,631	7,500	58,431
2020	10,456	50,214	7,830 (13.1%)	20,505	23,308	8,150	59,793
2021	10,174	56,103	7,585 (11.6%)	22,307	27,059	8,418	65,369
2022	9,938	55,692	7,127 (10.6%)	23,287	27,867	8,979	67,260
2023	11,451	59,511	7,471 (10.8%)	24,121	28,890	8,874	69,356
2024	11,356	62,728	7,731 (10.7%)	25,307	29,785	9,546	72,369

출처: 법원통계월보, "조정담당판사 및 조정위원회 조정,"2015.12~2024.12.

지방법원의 민사사건의 조정성공률 추세를 보기 위해 **표 10.3**에서 연도별 추이를 살펴보았다. 총 처리건수 대비 조정성립의 비율인 조정성공률은 2014년 17.4%를 시작하여 지속적으로 하락하여 2024년에는 10.7%를 기록하였다. 조정으로 회부하는 사건의 수가 크게 늘어났으나 조정성립의 건수는 늘지 않은 실태가 반영된 듯하다.

우리나라 ADR제도는 매우 초보적인 수준에 있으며 그 시행에 주도적인 역할을 하고 있는 법원이 법원부속형이나 법원연계형 조정을 계속 확대하고 있는 추세에 있다. 특히 법원연계형 조정 이외에 해당 기관의 독자적인 조정접수와 시행은 노동분쟁, 환경분쟁 등 극소수의 분야를 제외하고는 매우 미흡한 실정이라 할 수 있다. 더구나 민간 ADR기구들이 분쟁을 직접 접수하여 분쟁해결서비스를 제공하기에는 전문가 양성과 인식의 부족으로 아직 걸음마 단계에 있다.

(2) 가사조정제도

우리나라에서 가사조정제도를 도입한 것은 민사조정법이 제정된 1990년 같은 해 12월 31일에 가사소송법이 제정되고 동 법의 제4편 가사조정에서 규정함으로써 시작되었다. 민사조정법이 이미 제정되었기 때문에 별도로 가사조정법을 제정하지 않고 가사조정은 가사소송법의 제4편에 포함하고 가사조정에 관해 특별한 규정이 있는 경우를 제외하고는 민사조정법의 규정을 준용하도록 하고 있다.

가사조정은 민사조정과 달리 조정전치주의(제50조)를 택하고 있다. 즉, 가사소송법상 나류 및 다류 가사소송사건과 마류 가사비송사건에 대하여 가정법원에 소를 제기하거나 심판을 청구하고자 하는 자는 먼저 조정을 신청해야 한다.130) 또한 이 사건에 관하여 조정을 신청하지 아니하고 소를 제기하거나 심판을 청구한 때에는 가정법원은 그 사건을 조정에 회부하여야 한다.

가사조정에서 매우 중요한 쟁점은 미성년자인 자녀의 친권과 양육권, 이에 따른 양육비와 면접교섭권이다. 가사소송법 58조 ②에서는 '자녀의 친권을 행사할 사람의 지정과 변경, 양육방법의 결정 등 미성년자인 자녀의 이해에 직접적인 관련이 있는 사항을 조정할 때에는 미성년자인 자녀의 복지를 우선적으로 고려되어야 한다.' 라고 규정하고 있다. 조정은 당사자 사이에 합의된 사항을 조서에 기재함으로써 성립하는데, 조정 또는 확정된 조정을 갈음하는 결정은 재판상 화해와 동일한 효력이 있다.

가사조정의 절차를 보면 **그림 10.3**에서 보는 바와 같이 재판상 이혼절차 중에서 조정위원회에 회부하여 조정을 실시하는 경우와 **그림 10.4**에서와 같이 법원에 조정신청서를 제출함으로써 조정이 개시되는 경우가 있다. 가사조정에서 조정이 불성립될 경우에는 강제 조정을 내려 2주 이내 이의를 제기하지 않으면 확정되지만 이의를 신청하면 재판상 이혼 절차로 진행된다. 조정안 제시가 의미가 없거나 재판으로 가기를 원하는 경우에는 강제 조정을 내리지 않고 제소 신청으로 재판상 이혼 절차로 진행하게 된다.

그림 10.3 재판상 이혼 절차

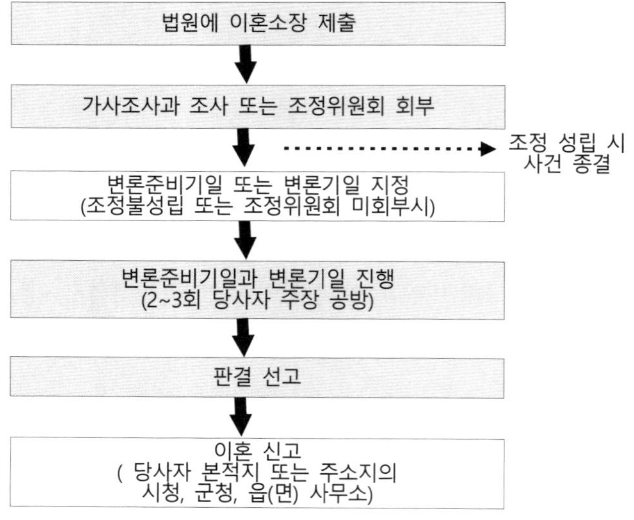

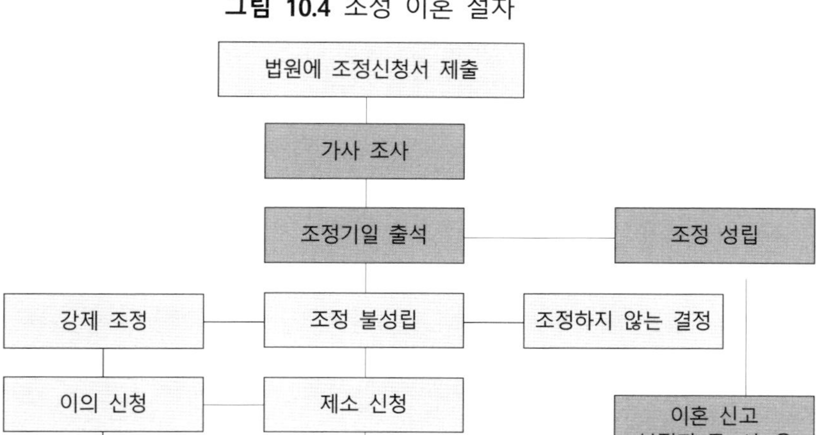

그림 10.4 조정 이혼 절차

　　가사사건의 조정성공률은 상당히 높은 편이다. 2024년 가사사건 처리 건수 9,676건 대비 조정성립건수가 4,565건으로 조정성공률이 47.2%이다. 가사사건의 조정성공률은 2015년 48.8%, 2020년 48.3%으로 나타나 큰 변화 없이 대략 절반의 조정성립을 기록하고 있어서 민사사건의 낮은 조정성공률과 대조를 이룬다.[131]

사례 10.1 가사조정 사례

본 사건은 이혼소송에서 조정으로 해결한 사례로서 실제 사건을 참고한 가상의 사례이다. 이혼소송은 반드시 조정을 받아보도록 되어 있어서 조정전치주의가 적용되고 있다.

1. 이혼소송 사유

원고는 35세의 남편 Y이고 피고 배우자 35세 K이며 사건본인은 4세 남아인 YY이다. 부부사이에 성격이 서로 맞지 않고, 수입 지출에 대한 불신과 상의 없는 독단 지출 등 금전적인 문제로 서로 다툼이 있었으며, 원고 부모와 피고 간의 갈등으로 부부 사이가 좋지 않았다. 피고가 혼수 준비하면서 고부갈등이 있었고 피고의 친정지원에 대한 원고와 시댁의 불만이 크며, 원고의 본가와 금전거래에 대해서는 피고의 불만이 크다. 또한 피고가 본가에 가지 않은 지 3년 정도 되어 고부갈등이 골이 커져 있는 상황이다. 그러던 차에 2014년 설날 때 원고가 사건본인을 본가로 데려가겠다고 말을 하자 피고가 사건본인을 데리고 처가로 가버렸다. 그 이후 피고는 사건본인과 함께 계속 처가에서 살고 있으며 부부가 별거하고 있는 상태이다.

2. 사건 쟁점
피고가 양육권을 가지는 것에 대해서는 원고가 크게 반대하지 않으나 양육비에 대해서 큰 이견을 보이고 있다. 면접교섭이 이루어지지 않는 점에 대해서도 원고가 불만이 있어서 쟁점이 되고 있다. 위자료 또는 재산분할은 서로 요구하지 않는 상황이다.

3. 조정 과정
o 20**년 3월경부터 원고와 피고는 이혼하기로 하고 원고가 위자료 없이 양육비 50만원을 주기로 하였다고 하나 서류에 남아 있지 않고 별거 후 생활비 형태로 처가에 50만원만 주고 있는 실정이다.
o 피고는 양육비로 100만원을 요구하고 있으나 원고는 50만원을 지급할 용의가 있다 한다. 다만 원고는 회사에서 양육수당으로 2년간 월 15만원 상당의 지원금이 나오므로 그 금액을 피고에게 지급하겠다고 하였다. 원고가 이를 수용하자 다시 피고 측과의 분리회의에서 80만원+양육수당 15만원을 제시하자 피고도 수용하였다.
o 면접교섭은 매월 2회로 하고 둘째와 넷째 주에 토요일 14:00부터 다음날 15:00까지 1박2일의 면접교섭권을 원고에게 허용하는 것으로 원·피고 합의를 하였다.

4. 합의안
o 친권과 양육권은 피고가 가지며 원고는 피고에게 양육비로 월 80만을 매월 1일에 지급하도록 한다. 또한 원고가 현 직장에 재직하고 있는 동안 양육으로 지급되는 수당은 그대로 피고에게 지급하도록 한다.
o 피고는 매월 둘째, 넷째 주 토요일 14:00-다음날 일요일 15:00에 사건본인과 면접교섭하기로 한다. 면접교섭의 일정상 변경사유가 발생하면 원·피고는 서로 협의하여 변경할 수 있다.

2) 행정형 조정제도

행정형 조정제도는 개인 간의 분쟁을 행정청의 프로그램으로 해결해

주는 제도로서 조정기구가 대부분 행정기관의 산하기관으로 설치되어 운영되고 있다. 특별법에 의해 민간단체에 설치된 경우 행정형 조정제도의 분류에 포함하기보다 민간형 조정제도로 별도로 분류하는 것이 적절하다.132)

행정기관 자체에 설립된 조정기구로는 국토해양부의 건설분쟁조정위원회, 환경부의 중앙환경분쟁조정위원회, 고용노동부의 중앙노동위원회, 보건복지부의 의료심사조정위원회, 금융감독원의 금융분쟁조정위원회, 특허청의 산업재산권분쟁조정위원회, 공정거래위원회의 한국공정거래조정원, 한국소비자원의 소비자분쟁조정위원회 등이 있다. 이 중 건설, 환경, 노동, 금융, 공정거래, 소비자 등 몇 가지 위원회만 소개할까 한다.

건설분쟁조정위원회는 '건설산업기본법'에 의해 건설업 및 건설용역업에 관한 분쟁을 조정하기 위하여 국토해양부 소속 중앙건설분쟁조정위원회를, 시도지사 소속 지방건설분쟁조정위원회의 형태로 설립되어 있다. 설계, 시공, 감리 등 건설공사에 관계한 자 간의 책임에 관한 분쟁, 발주자와 수급인 간의 건설공사에 관한 분쟁, 수급인과 하수급인 간의 건설공사의 하도급에 관한 분쟁 등의 분쟁을 조정대상으로 하고 있다. 분쟁의 조정신청을 받은 날로부터 60일 이내에 이를 심사하여 조정안을 작성하고 조정안이 수락될 때는 조정서를 작성하여 합의가 성립된 것으로 본다.

환경분쟁조정위원회는 '환경분쟁조정법'에 의해 환경오염피해로 인한 분쟁을 조정하기 위하여 환경부 소속 중앙환경분쟁조정위원회를, 광역시도 소속 지방환경분쟁조정위원회의 형태로 설립되어 운영되고 있다. 환경분쟁조정은 소송 이전 단계에 환경전문가들이 합의를 통해 분쟁을 해결하기 때문에 실효성이 있는 권리구제절차로 이용되고 있다. 환경분쟁조정의 유형으로는 알선, 조정, 재정이 있고, 환경오염으로 인해 사람의 생명, 신체에 중대한 피해나 사회적 파급이 클 것으로 예상되는 환경분쟁에 대해서는 당사자의 신청 없이도 조정 절차를 개시할 수 있는 직권조정이 있다.

중앙노동위원회는 '노동위원회법'에 의해 고용노동부 소속으로 설립되어 노동쟁의조정을 담당하고 있다. 노동쟁의조정은 노동관계 당사자가 노사협의 또는 단체교섭에 의하여 근로조건 기타 노동관계에 관한 사항을 정하거나 노동관계에 관한 주장의 불일치를 신속하고 자율적으로 해결하는 제도이다. 노동쟁의가 발생하면 노사당사자 일방이 노동위원회에 쟁의조정을 신청할 수 있고 노동위원회는 3인으로 구성된 조정위원회를 통해 조정안을 제시하고 당사자들이 모두 수락하는 경우 조정조서를 작성하여 단체협약과 같은 효력을 가지도록 하고 있다.

금융분쟁조정위원회는 '금융위원회의 설치 등에 관한 법률'에 의해 금융분쟁에 관한 사항을 심의, 의결하기 위해 금융감독원 소속으로 설치되어 운영되고 있다. 금융분쟁조정은 금융기관 등과 예금자동 금융수요자 기타 이해관계인 사이에 발생하는 금융관련 분쟁을 조정하는 제도이다. 금융기관, 예금자 등 금융수요자 및 기타 이해관계인은 금융과 관련하여 분쟁이 있는 때에는 금융감독원장에게 분쟁의 조정을 신청할 수 있으며 원장은 관계당사자에게 그 내용을 통고하고 합의를 권고할 수 있다. 신청일로부터 30일 이내에 합의가 이루어지지 않을 경우 사건을 조정위원회에 회부하고, 이로부터 60일 이내에 조정위원회가 심의하여 제시한 조정안을 당사자들이 수락한 경우 당해 조정안은 재판상 화해와 같은 효력을 가진다.

한국공정거래조정원은 "독점규제 및 공정거래에 대한 법률" 제72조(한국공정거래조정원의 설립 등)에 의해 설립되었으며 불공정거래행위로 인한 중소기업의 피해를 당사자 간의 자율적인 조정을 통해서 신속하게 해결하고 있다. 불공정거래행위 분쟁조정은 거래거절행위, 차별적 취급행위, 경쟁사업자 배제행위 등 공정거래법 시행령 제36조 제1항 조항상의 불공정거래행위로 인한 피해를 입었을 경우 신청할 수 있다. 불공정거래행위로 인한 피해가 발생한 피해구제를 원하는 사업자는 서면으로 공정거래위원회 또는 한국공정거래조정원에 조정을 신청할 수 있다. 조정원에서는 분쟁당사자들에게 합의를 권고하거나 조정안을 제시하고, 양당사자가 스스로 합의하거나 조정안을 수락한 경우에 분쟁조정절차를 종료한다. 신청 후 조정이 성립되지 않은 경우 또는 일방의 조정거부나 소제기 시에는 조정절차는 종료되고 공정위의 정식절차 등을 거치게 된다.

소비자분쟁조정위원회는 '소비자기본법'에 의해 소비자와 사업자 사이에 발생한 분쟁을 조정하기 위해 소비자보호원 내에 설치되어 운영되고 있다. 소비자분쟁조정은 소비자와 사업자 사이의 발생하는 소비자분쟁을 조정하는 제도이다. 조정위원회는 분쟁조정신청을 받은 때에는 30일 이내 분쟁조정을 해야 하고 부득이한 사정으로 기간을 연장할 경우 당사자에게 통보해야 한다. 한국소비지원의 원장은 피해구체청구의 당사자게 대하여 피해보상에 대한 합의를 권고할 수 있다. 소비자분쟁조정은 재판상 화해와 동일한 효력을 가지는 것으로 규정하고 있다.

사례 10.2 공정거래 분쟁조정 사례

본 사례는 공정거래위원회에서 분쟁조정을 신청한 공정분야의 사례로서 보험설계사가 지급받지 못한 수당일부를 지급해달라는 사건이다. 공정거래위원회는 양측의 주장을 진술하게 하고 조정결정을 내리면 그 수락여부는 당사자들이 결정한다.

1. 사건개요
가. 당사자 현황
• 신청인은 보험설계사로서 '특수형태근로자에 대한 거래상지위남용행위 심사지침'에서 규정하고 있는 특수형태근로종사자에 해당한다.
• 피신청인은 생명보험업 등을 주로 영위하는 자로서 '독점규제 및 공정거래에 관한 법률' 제2조 제1호에 따른 사업자에 해당된다.

나. 분쟁의 경위
• 신청인은 피신청인과 보험설계사위촉계약을 체결하고 피신청인의 보험설계사로
근무하던 중, 신청인이 계약을 해지하였음에도 불구하고 피신청인이 신청인에게 수당
일부를 지급하지 아니하자, 분쟁이 발생하였다.

다. 조정신청 대상적격
• 피신청인이 자신의 보험설계사인 신청인과의 보험설계사계약이 해지되었음에도
불구하고 적립되어 있던 수당을 지급하지 않는 행위는 공정거래법 제23조 제1항 제4호
위반 혐의가 있으므로, 조정대상에 해당한다.

2. 분쟁의 쟁점
가. 분쟁사실
• 신청인은 피신청인과 보험설계사위촉계약을 체결하고 피신청인의 보험설계사로
근무하고 있었다. 이후 신청인이 계약을 해지하였음에도 불구하고 피신청인이 신청인에게
수당 일부를 지급하지 아니하자 이 사건 분쟁이 발생하였다.

나. 양 당사자 주장
1) 신청인 주장
• 신청인은 피신청인이 계약기간 중에 신청인에게 지급하여야 할 수당의 일부를 모아둔
금액 900만원을 보험설계사위촉계약이 해지되었음에도 불구하고 미지급하는 행위는
부당하다고 주장한다.
2) 피신청인 주장
• 피신청인이 답변서를 제출하기 전에 당사자 간에 합의가 이루어져 피신청인은 답변서를
제출하지 않았다.

3. 조정 결과
양 당사자는 신청인이 피신청인의 미지급수당이 450만원임을 인정하고, 피신청인이 위
450만원을 20**. **. **.까지 지급하는 것을 내용으로 합의하여 조정이 성립하였다.

3) 민간형 조정제도

사법형과 행정형 조정제도가 분쟁조정을 관장하는 주체가 사법부이냐
행정부이냐에 따라 분류되어 있는데 반해 민간형 조정제도는 정부나 지
자체의 지원을 받든 아니든, 공적기능을 수행하든 영리를 추구하든 민간

의 조직이나 단체가 분쟁을 조정하는 기능을 수행하는 조정제도를 말한다. 순수하게 개인이 직접 조정인으로 조정을 맡아서 하는 경우는 거의 없으며 최소 사단법인의 형태로 조직하여 조정을 담당하며 정부의 직, 간접적으로 지원을 받는 경우가 많다. 따라서 정부나 정부출연기구가 아닌 민간의 단체에서 수행하는 조정은 민간형 조정으로 분류하고자 한다.

분류상 애매한 부분이 있긴 하지만 대한상사중재원은 민간형 조정제도로서 가장 활발한 조정기구이다. 대한상사중재원은 '중재법'에 따른 국내외 상사분쟁을 공정, 신속하게 해결하고 국제거래질서를 확립하기 위해 산업자원부장관이 지정하는 상사중재를 행하는 사단법인이다. 대한상사중재원이 주로 중재를 중심으로 분쟁을 해결하지만 조정과 알선도 수행하고 있다.

중재신청의 접수통지 수령일로부터 30일(국내의 경우 15일) 이내에 당사자의 쌍방으로부터 조정 요청이 있을 때 대한상사중재원의 사무국은 중재 절차를 개시하기 전에 조정을 시도해야 한다. 조정인은 중재인명부 중에서 1인 또는 3인이 선정되며 조정인이 작성, 제시하는 조정안을 당사자들이 수락하면 조정이 성립된다. 조정안이 성립되지 않으면 조정 절차는 자동적으로 종료되고 중단되었던 중재 절차가 즉시 개시된다. 조정의 결과는 화해에 의거한 판정과 동일한 방식으로 처리되어 결국 중재판정과 동일한 효력을 가진다.[133)

대한상사중재원의 알선은 무역거래에서 발생하는 분쟁사건을 산업자원부장관의 위임을 받아 알선으로 해결하는 것이므로 원칙적으로 무역분쟁해결제도라고 할 수 있으나 국내분쟁에 대해서도 적용하도록 되어 있다. 알선의 특징으로서 다음의 사항들을 지적할 수 있다. 당사자의 일방이 외국에서 거주하고 있다는 점을 고려하여 서면에 의해 조정이 이루어지지만 외국거주 당사자가 국내에 일시 방문이나 대리인을 통해 국내에서 분쟁해결에 참여할 수 있다면 당사자회의를 통해 해결한다고 볼 수 있다. 사안의 전문가인 중재인이 아니라 중재원 내부 실무담당자가 조정인 역할을 수행한다는 점이 중재와 다르다. 또한 알선은 당사자들이 서로 귀책정도에 따라 법률적 판단에 의해 분쟁을 해결하는 것이 아니라 발생된 손해를 최소화하고 새로운 이익을 창출함으로써 윈윈협상을 하는 절차이고 자신들의 판단에 따라 서로 합의하는 해결절차이다. 일방당사자의 신청만으로 알선 진행이 가능하며 모든 경비는 무료이다. 알선은 양 당사자 간의 자발적인 합의를 통한 해결절차이기 때문에 법률적인 구속력은 없다.134)

그 외에 여러 가지의 민간형 조정제도가 존재하지만 실효적인 조정을 실시하는 단체나 기구는 극히 희소한 편이다. '노동조합 및 노동관계조정법'에 의한 사적 조정제도는 노동관계 당사자가 쌍방의 합의 또는 단체협약이 정하는 바에 따라 노동위원회 이외의 다른 조정 또는 중재방법에 의하여 노동쟁의를 해결하는 제도를 말한다. 사적조정이 이루어지는 경우에는 단체협약과 같은 효력이 발생하며 사적조정 기간 중 쟁의행위가 금지되나 절차를 거쳤을 경우 조정전치주의에 의해 쟁의행위가 허용된다. 그러나 현실적으로 공인노무사나 변호사가 사적조정을 수행할 수 있지만 현재 실제로 이루어지는 사적조정의 건수는 극히 저조한 실정이다.

미국에서처럼 이웃사법센터나 지역공동체에서 분쟁을 조정하는 기구들이 공식적으로 발견하기란 어려우나 최근 시민단체들이 참여하여 공공갈등을 해결하는 성과는 보고되고 있다. 한약분쟁, 의약분업분쟁, 한탄강댐 사업, 김포지역 산업폐기물 반입사건, 밀양송전탑 설치분쟁, 삼척 원자력발전소 입지 갈등, 원주교도소 이전 갈등, 청주시 제2 쓰레기매립장 입지 갈등 등의 사례에서 보면 시민단체나 갈등관련 조직들이 고충처리, 조정, 중재의 역할을 수행한 경험들이 있다.135)

2. 미국 조정제도와 실태

1) 사법형 조정제도

미국에서 사법형 조정제도가 발달하게 된 계기는 1976년 파운드 컨퍼런스(Pound Conference)이다. 당시 파운드 컨퍼런스는 미국 법률체계에 대한 대중의 불만족이라는 Roscoe Pound 학장의 70세 기념 논문을 축하하는 학술모임이었다.[136] 많은 법조인들이 참석하여 왜 사람들이 미국에서 법이 집행되는 방법에 대해 불만족 하는지를 면밀히 들여다보았다. 관심의 초점은 사건이 폭주하고 비용이 높은 법원체계였다.

컨퍼런스의 결과로서 세 개의 이웃사법센터(Neighborhood Justice Center, NJC)를 설립하는 파일럿 프로젝트가 도출되었다.[137] 이웃사법센터는 조정과정이 작은 분쟁을 해결하는데 도움이 되는지 결정하기 위해 캔자스 시티, 로스 엔젤레스, 아틀랜타에 설립되었다. 각 센터는 조정이 분쟁 해결에 시간과 비용을 절약하는데 성공적임을 입증하였다. 조정과정에 대한 당사자들의 만족도 높았다.

이러한 결과를 토대로 추가 실험적 센터가 설립되었고 현재는 전국에 400개 센터가 설립되어 있다. 이웃사법센터는 분쟁해결센터(Dispute Resolution Centers)라는 이름으로 바뀌었다. 이 센터의 활동이 법원에서 ADR 사용을 발전시키는데 기여하였다. 왜냐하면 많은 센터가 법원 안이나 인근에 위치하고 있고 자발적으로 활동하는 조정인들은 변호사와 판사였기 때문이다.[138]

미국의 사법형 조정은 연방법원과 주법원으로 나뉘어 실시되고 있다. 주로 법원 내에서 판사의 관리 하에 진행되는 법원지원 조정(court-sponsored mediation)의 형태를 취한다.

미국 의회가 1990년 민사개혁법(Civil Justice Reform Act)을 제정하여 연방지방법원에게 법원에서 지체와 소송비용을 줄이기 위해 사례관리계획(case management plan)을 개발하도록 요구하였다. 10개 연방지방법원은 법원지원 조정을 도입하는 파일롯 프로그램을 실시하였다. RAND 연구소의 평가에 의하면 파일롯 프로그램에 참여한 대부분의 사람들은 프로그램이 일반적으로나 개별 사건으로 봐서나 할 만한 가치가 있다고 응답했다.[139]

법원지원 조정을 포함한 ADR은 그 이후 발전하기 시작했다. 이러한 ADR의 발전으로 1998년 대안적 분쟁해결법(Alternative Dispute Resolution Act)이 제정되었다.[140]

연방법원은 주법원에 비해 수적으로 적다. 연방법원에는 94개의 연방지방법원과 13개의 항소법원 및 대법원이 있다. 연방법원은 헌법에 열거되어 연방법으로 집행되는 사건을 심문한다. 주법원은 일반 관할의 법원으로 모든 분쟁을 다루고 있다. 각 주는 자체 1심 법원과 한 개 이상의 항소법원을 두고 있다. 각 주는 자율적으로 자체 ADR 프로그램을 개발해야 한다. 많은 주는 법원지원 조정을 제공하는 법률을 제정하거나 법원규칙을 수립하였다.[141]

법원의 규칙은 조정인을 선정하는 체계를 제공하고 있다. 당사자는 판사가 조정인이 될지 법원 조정인 패널에서 조정인이 정해질지 선택할 수도 있다. 조정인을 정할 때 어떤 주는 당사자가 조정인 패널에서 조정인을 선택하도록 하지만 어떤 주는 당사자를 위해 직접 조정인을 정해주기도 한다. 법원 규칙은 조정이 무료 서비스인지 조정인의 서비스에 대해 수수

료가 부과되는지 결정한다. 조정기일은 당사자가 결정하도록 허용하는
주도 있지만 사건 담당 판사가 행정관에게 정해주는 주도 있다.

2) 행정형 조정제도

미국의 행정형 조정제도는 행정부나 행정부 산하기관 또는 독립된 행
정기관이 조정으로 분쟁을 해결하는 제도를 의미한다. 연방 정부기관에
서 가장 먼저 조정을 도입하여 실시한 기관은 연방조정알선청(Federal
Mediation and Conciliation Service, FMCS)이다. 1913년 노동부를
설립하여 노동부 장관에게 조정인 역할을 부여하였다. 노사관계가 확대
되고 조정욕구가 증가하면서 1947년 미국의회가 독립 연방기구로서
FMCS를 설립하였다. FMCS는 주로 노동분쟁에 조정을 제공하는 역할을
하고 연방정부기관, 의료기관, 주 간의 상거래에 발생하는 분쟁에 대한
관할권도 행사하고 있다.[142] FMCS는 노사협력을 촉진시키기 위해 노동
자와 경영자에게 훈련과 관계개발 프로그램을 제공하기도 한다. 전국 9개
의 지부를 두고 운영하고 250명의 연방공무원들이 작업장 분쟁해결을 지
원하고 있다.

연방 정부기관으로서 전국조정위원회(National Mediation Board)는
1934년 6월 21일 철도노동법(Railway Labor Act)을 수정하면서 설치되
었다.[143] 철도와 항공부문에 있어서 노사 간 의 문제를 해결하는 데 중심
적인 역할을 수행하는 독립기관이다. 철도.항공노동자의 임금, 노동시간,
작업환경과 관련된 쟁의를 조정하고 노사의 분쟁조사 및 조정을 담당한
다.

주 정부 행정기관은 고객, 다른 행정기관, 근로자와의 불만과 분쟁을

취급하고 있다. 주 행정기관은 불만을 청취하고 규칙을 정하고 갈등을 해결하기 위해 조정을 사용하도록 요구되고 있다. 행정기관과 고객에 발생하는 분쟁, 행정기관 사이에 발생하는 분쟁, 행정기관과 해당 근로자 사이에 발생하는 분쟁에 조정을 제공하도록 주 정부의 행정법으로 규정하고 있다.144)

많은 주 정부는 법원연계 ADR 이외에 조정의 사용을 규정하는 3가지 쟁점이 있다.145)

① 노동과 고용 분쟁에 대한 조정
거의 모든 주는 노사 간 단체교섭에서 발생하는 난국을 처리하는 수단으로 조정을 사용하도록 노동조정법령을 제정하고 있다. 어떤 주는 경찰, 소방관, 주립병원 근로자들 같은 공공근로자집단에게만 적용하고 또 다른 주는 공공과 민간 근로자집단 모두 적용하기도 한다. 이 법령은 노동관계위원회를 설립하여 난국이 발생하면 개입하게 한다. 조정을 제일 먼저 실시하고 성공하지 못할 경우 중재 등 다른 방법을 사용한다.

② 시민권 분쟁에 대한 조정
시민권법령은 고용과 주거에서 인종, 성별, 장애, 기타 보호분류에 기초하여 차별에서 발생하는 분쟁을 다루기 위해 조정을 사용하도록 규정하고 있다. 대부분 법령은 위원회를 설립하여 불만을 접수, 조사하고 차별이 발생하면 당사자 간 조정을 통해 차별을 제거하도록 한다. 위원회는 또한 회의, 알선, 설득을 사용하여 기소된 당사자와 대화를 한다.

③ 가족관계 분쟁에 대한 조정
조정은 아동 양육권, 면접, 부양 등 분쟁의 해결에 오래 동안 사용되었

다. 조정은 공동결정을 촉진하고 부부간 관계 유지를 돕는데 이것은 모두 자녀에게 최선이 되기 때문에 가족 갈등을 해결하는데 조정이 특별히 잘 부합한다. 대부분 가사조정법령은 부모자녀관계에 영향을 미치는 소송은 법원에 오기 전에 해결하도록 규정하고 있다. 일반적으로 이 법령은 법원이 완전 심문과 최종 판결을 내리기 전에 법원은 조정을 받도록 명령을 내릴 수 있다. 당사자들이 분쟁을 자율적으로 해결하기 위해 자녀양육권과 면접 과정에 참여하도록 법령은 구체화하고 있다.

3) 민간형 조정제도

미국에서 민간형 조정제도는 사적 조정(private mediation)이라 한다. 사적 조정은 합의의 과정이다.[146) 분쟁해결 과정으로서 사적 조정을 선택한 당사자들은 계약서에 이를 포함하고 있다. 만약 분쟁이 계약에서 발생하지 않거나 계약에서 발생하더라도 계약에 사적 조정을 포함하고 있지 않으면 당사자들은 분쟁 발생 후 사적 조정을 선택할 수 있다. 조정이 해결을 만들지 못하면 어느 한 당사자는 소송을 제기할 수 있다.

당사자들이 조정을 결정하려면 중립적 제3자가 과정에 참여하기 때문에 상호 실질적 합의와 계획이 있어야 한다. 당사자들 직접 토론을 촉진하는 협상과 달리 조정은 중립적 제3자가 당사자들 간 토론을 촉진시킨다.

사적 조정을 시작하기 위해 준비할 사항들이 있다.[147) 먼저 조정의 규칙을 선택해야 한다. 당사자들은 과정의 절차적 규칙과 증거적 규칙을 합의해야 한다. 대개 당사자들이 스스로 규칙을 만들기보다 조정인이나 조정 기구로 하여금 규칙을 디자인하도록 합의할 수 있다. 사적 조정 기구로서 미국중재협회(American Arbitration Association), CPR분쟁해결연구소(CPR Institute for Dispute Resolution), 미국중재조정(United

States Arbitration & Mediation, USA&M), 국제상공회의소(International Chamber of Commerce), 전국지역조정인협회(National Association for Community Mediators)가 웹사이트나 조정 센터에 규칙을 공지해두고 있다.[148]

둘째, 당사자들은 조정인을 선택하거나 조정인 리스트를 제공하는 조정서비스를 선택할 수 있다. 조정인이 선택되는 이유는 조정인이 분쟁 주제에 전문성이 있거나, 조정과정에 전문성이 있거나, 또는 둘 다 전문성 있기 때문이다.

셋째, 당사자들은 조정 기일과 장소를 선택해야 한다. 조정 기일은 당사자, 대리인, 조정인 가용성, 분쟁의 성격에 따라 결정될 수 있다. 어떤 당사자들은 충분히 준비해서 조정 받기를 선호하기도 하고, 또 어떤 당사자들은 많은 조사나 시간 투입을 하기 전에 조정에 참여할 것을 선호하기도 한다.

넷째, 조정 과정에 참석자들의 역할을 준비해야 한다. 대리인이 있든 없든 대리인 없이 당사자들만 참석하는 경우가 있고, 당사자는 없이 대리인만 참석하는 경우도 있고, 당사자와 그 대리인이 같이 참석하는 경우도 있다. 당사자와 대리인이 모두 참석할 경우 대리인이 참석만 하고 당사자에게 자문만 하는 조정이 있고 대리인이 보다 적극적인 역할을 하고 당사자는 역할을 줄이는 조정도 있다.

사적 조정에서 해결된 합의를 어떻게 집행할 수 있을까? 사적 조정의 합의는 제3자가 당사자들에게 강요하지 못하며 대부분의 경우 당사자들이 그들의 합의를 약속하는 형식이다. 그래서 합의가 정교하게 작성되지 않거나, 구두증거배제 법칙(Parol Evidence Rule)문제가[149] 발생하지 않거나, 통합의 실수가 발생하지 않으면 합의의 이행 가능성이 쟁점이 되지 않을 것이다. 그러나 조정 합의의 이행가능성이 쟁점이 되는 경우가

있다. 예를 들어 합의는 계약으로서 이행되어야 한다고 할 경우나 상대방
이 어떤 것을 하는 것을 교환으로 한 당사자가 어떤 것을 할 것을 약속한
다는 '약속에 대한 약속(a promise for a promise)'의 조항을 포함하는
경우이다.150)

　일반적 규칙으로서 계약위반의 행동에서 위반하지 않은 당사자는 계약
에 따른 기대에 기초한 손실을 보상받는다. 이러한 손실은 위반하지 않은
당사자가 계약이 완전히 이행되었다면 처해져 있을 입장에 두게 한다.
해결 합의가 계약이므로 기대 손실은 해결 합의의 위반에도 적용된다.

　어떤 경우에는 법원이 조정 합의의 특별한 이행을 명령할 수 있다. 법
원은 조정 합의에서 하기로 합의한 것을 위반한 당사자가 이행하도록 명
령을 내릴 수 있다.

　미국의 사적 조정을 실시하고 있는 가장 오래되고 유명한 단체는 미국
중재협회(American Arbitration Association, AAA)이다. 미국중재협
회는 법원의 부담을 줄이기 위한 목적으로 1926년에 설립되었다. 이 협회
는 비영리 조직이고 세계적인 민간 ADR기구이다. AAA는 1960년대 말에
포드재단의 자금 지원으로 파일럿 조정 프로젝트를 수행하였다.151) 이
프로젝트는 조정을 통해 사회적 긴장을 완화하는 시도였다. 1970년대 초
에 AAA는 필라델피아와 로체스터에 분쟁해결센터(Dispute Resolution
Centers)를 설립하였는데 그 조정 사례가 지역법원체계로부터 참고자료
가 되었다.

　AAA는　1996년에　국제분쟁해결센터(International　Centre　for
Dispute Resolution, ICDR)를 설립하였다. 협회는 연간　수만 건의 사건
을 처리하고 있는데 연간 약 4만 건의 전자사건도 처리하며, 수십만 건의
심문 사건도 다루고 있다. 현재 직원은 638명이고 조정중재인은 수만 명

에 이르고 있다.152)

한편 1976년 파운드 컨퍼런스의 결과로서 설립된 세 개의 이웃사법센터가 조정이 분쟁 해결에 시간과 비용을 절약하는데 성공적임이 입증됨에 따라 점차 추가적 실험적 센터가 설립되었고 현재는 전국에 400개 센터가 설립되어 있다. 실험적으로 실시된 이웃사법센터는 주별로 약간의 차이는 있지만 분쟁해결센터(Dispute Resolution Centers)라는 이름으로 바뀌어 운영되고 있다.153)

법조인의 사적 조정 단체인 사법중재조정서비스(Judicial Arbitration and Mediation Services, JAMS)는 1979년에 설립되었다. 구성원은 400여명의 위원으로 구성되어 있는데 주로 은퇴한 판사, 변호사, 교수 및 산업실무자들이다. JAMS는 미국과 국제적 사건을 담당하고 있으며 연간 18,000건의 사건을 처리하고 있다.154)

이 외에 사적 조정 기구로서 변호사들의 협회인 미국변호사협회(American Bar Association), 훈련된 중립인 명부를 제공하는 갈등해결협회(Association for Conflict Resolution, 전신 SPIDR), 대기업 협회, 로펌, 법학자의 연합으로 중립인 명부 제공하는 CPR분쟁해결연구소(CPR Institute for Dispute Resolution), 청년 갈등해결을 위한 훈련과 상담을 제공하는 전국분쟁해결연구소(National Institute for Dispute Resolution) 등이 활동하고 있다.155)

사례 10.3 미국의 사적 조정 사례

리아 랜캐스터(Leah Lancaster)는 교통사고를 내어 브라이언 트랩(Brian Trapp)에게 피해를 입혔다. 그 사고는 명백히 리아의 잘못이었는데 브라이언은 영구신체장애를 입게 되었다. 브라이언은 리아를 대상으로 주 법원에 2백만 달러의 손해배상 소송을 제기했다. 리아의 보험은 최대 50만 달러의 손해배상 한도를 정하고 있다. 리아와 브라이언은 사건이 소송 중에 있는 상황에서 사적 조정을 받아볼 것에 합의했다.

조정회의가 착수되고 4명이 참석하기로 했다. 즉, 조정인, 리아 변호사, 브라이언 변호

3. 한국과 미국의 조정제도 비교 분석

앞에서 한국과 미국의 조정제도와 실태에 대해 살펴보았다. 양국 제도의 몇 가지 특징을 비교해보면 다음과 같다.

1) 조정제도 도입 배경

한국의 조정제도가 처음 도입된 것은 미국과 비슷하게 노동분야 단체교섭의 조정이었다. 그러나 법원에서 조정을 포함한 ADR을 도입하고 확산된 것은 차이를 보인다. 미국에서는 1976년 파운드 컨퍼런스에서 법원 소송이 대중들에게 비용과 시간이 과다하게 발생한다는 불만이 제기되었고 소송 사건이 너무 많이 폭증하여 사법서비스에 어려움이 있다는 문제의식에서 ADR을 도입하게 되었다. 한국에서는 1990년 민사조정법이 제정되면서 조정이 도입되었는데 민사사건이 매우 폭증하면서 이의 해결책으로 미국의 ADR제도를 도입하게 되었다. 미국 법원이 제기한 근본적인 배경인 소송의 비용과 시간 과다 문제가 한국 법원에서 조정을 도입한 배경은 아니다.

2) 법원 사건의 조정 회부와 조정성립률 차이

한국 법원이 1990년 민사조정법을 제정하고 조정을 도입해서 법원마다 소송 중간에 조정을 실시하는 수소법원의 자체 조정이 중립성과 자율성이 제기되어 2010년에 조기조정제도(Early Mediation)를 실시하기 시작하였다. 이에 따라 사건이 진행되기 전에 조정을 먼저 거치도록 함으로써 조정으로 회부되는 사건이 크게 늘어나고 조정성립률에도 영향을 미치게 되었다. 민사사건의 경우 2014년 30% 정도였으나 2024년에는 10%에 불과한 실정이다. 미국의 경우 민사사건의 조정성립률은 60-80%으로 보고 있다. Wissler(2004)는 민사사건의 조정성립률을 60-70%으로 기록하고 있고 오하이오주법원과 LA카운티법원에서는 70-80%으로 보고하고 있다.[156] 조정성립률이 이렇게 크게 차이가 나는 이유에 대해서는 추가적인 연구가 필요하나 법원의 조정성립률에 차이가 나는 점은 분명해 보인다.

3) 행정형 조정제도의 개별화

한국에서 법원이 조정제도를 도입하면서 행정부의 각 기관은 대부분

개별적, 독자적인 조정기구를 설립하여 운영하고 있다. 조정인을 위촉하는 자격은 조정 전문성이 아니라 해당 기관이나 분야에서 경력을 우선으로 하고 있어서 행정경험이나 교육경력 중심으로 운영함으로써 조정의 질적 관리가 되지 않고 개별화가 심화되고 있다. 미국의 행정형 조정제도는 연방차원에서는 FMCS를 통해 이루어지고 주정부차원에서는 노동고용 분쟁, 시민권 분쟁, 가족관계 분쟁만 위원회를 설립하여 ADR로 해결하도록 제도화하고 있다. 한국에서 행정형 조정으로 해결하는 사건들 대부분은 미국에서는 사적 조정으로 해결하고 있다.

4) 민간형 조정제도의 미성숙

한국의 민간형 조정제도는 매우 취약하고 미성숙한 형편이다. 갈등이 민간단체에서 해결되기에는 제도적, 인식적 측면에서 많은 제약이 있다. 중재법에 의해 대한상사중재원은 안정된 중재를 실시하고 있으나 많은 민간단체들은 활동할 수 있는 제도적 지원이 없을 뿐 아니라 조정을 통해 비즈니스를 할 수 있는 법적 근거가 제약되어 있다. 뿐만 아니라 사법형, 행정형 조정제도가 무료로 제공되는 경우가 많아 민간형 조정제도가 더욱 발전하기 어려운 실정이다. 미국의 경우 사적 조정이 AAA를 통해 오래전부터 발달되어 있으며 다양한 전문 사적 조정기구들이 활동하고 있으며 각 주별로 분쟁해결센터를 설립해서 ADR을 적극 활용할 수 있도록 지원하고 있다.

5) 법조인의 조정 참여도 차이

사법형 조정제도는 한국이나 미국이나 법조인들이 많이 참여하는 편이다. 한국에서도 법원의 조정위원이나 법원연계형 조정기구들에 변호사들이 비교적 많이 참여하고 있다. 민간형 조정제도에 참여하는 조정전문가들은 확연히 차이가 나고 있다. 한국의 조정 관련 민간단체는 변호사들이 참여하지 않고 있으나 미국의 AAA, JAMS, ACR, CPR분쟁해결연구소 등 많은 민간단체에 변호사를 포함한 법조인들의 참여가 매우 높은 편이다. 한국의 법조인은 조정에 의해 사건을 해결하는 방법에 대해 크게 관심이 없고 주로 사건 대리에 집중하는 경향이 있다. 아마 사건 대리와 조정 간의 수임료에 큰 차이가 있고 민간형 조정제도에 대한 법제도가 미흡하기 때문이기도 하다.

4. 한·미 조정제도 비교분석의 시사점

이상의 한국과 미국의 조정제도 논의와 비교분석을 토대로 한국의 조정제도에 대한 시사점을 제시하면 다음과 같다.

첫째, 조정을 시행하는 모든 단체나 기관의 조정인 자격 조항에 조정인 전문성을 명시할 필요성이 있다. 대부분의 조정인 자격 규정에 해당 분야 경력과 학력을 중시하고 있는데 최소한 조정 전문성을 추가함이 바람직하다.

둘째, 민간 조정전문가들이 조정 시장을 활성화할 수 있도록 법적 제약을 완화하고 지원 법률을 강화할 필요가 있다. 예를 들어 현행 변호사법 제109조에 의하면 변호사 이외의 자가 소송 사건, 비송 사건, 가사 조정 사건, 기타 법률사건에 대해 중재, 화해, 법률사무 등을 취급하고 금품을 받는 행위를 금지하고 있다. 조정이 활성화되려면 이러한 제약을 완화할 필요가 있으며 조정서비스를 제공하기 위한 법률과 제도를 강화해야 할 것이다.

셋째, ADR, 특히 조정이 법원 밖에서 활성화 되려면 시민으로서 갈등과 분쟁을 자율로 해결할 수 있도록 소송으로 진행되기 전 조정으로 해결할 수 있는 제도적 장치와 지원이 필요하다. 미국의 사례를 참고하여 지역사회의 건강성을 해칠 수 있는 사건에 대해 조정서비스를 제공할 수 있다. 예를 들어 노동고용분쟁의 파국이 발생하거나, 인종, 성별, 장애 관련 차별이 발생하거나, 가족관계 갈등이 발생하면 법원에 오지 않고 조정으로 해결할 수 있는 제도와 지원을 제공한다면 지역사회의 건강성을 높일 수 있다.

넷째, 조정이 법률적 지원이나 계약체결, 합의이행 등 여러 가지 측면에서 법적 장치가 필요한 분야이어서 많은 법조인들이 관심을 가지고 참여할 수 있도록 환경조성이 필요하다. 한국의 조정 관련 민간단체는 변호사들이 참여하지 않고 있으나 미국의 AAA, JAMS, ACR, CPR분쟁해결연구소 등 많은 민간단체에 변호사를 포함한 법조인들의 참여가 매우 높은 편이다. 한국의 법조인은 조정에 의해 사건을 해결하는 방법에 대해 크게 관심이 없고 주로 사건 대리에 집중하고 있다. 법조인의 조정 참여를 위해 법제도적 장치와 변호사 협회 등 관련 단체의 적극적 역할도 필요할 것이다.

부록

부록 1. 조정 역량 자가진단

부록 2. 조정인 모범행동표준(전문 번역)

부록 1. 조정 역량 자가진단

[자가진단 방법]

　아래 20개 문항은 조정역량을 진단하는 질문지로 1에서 5까지 응답 중 한 개를 선택한다. 응답은 자신의 생각과 행동이 어디에 해당하는 것인가를 5점 척도로 측정하는 것으로 ①=전혀 아님, ②=별로 아님, ③=중간, ④=약간 해당, ⑤=완전 해당을 측정하고 있다. 응답 번호의 숫자대로 점수를 부여한다.[157)]

[설문지 응답]

I. 조정 지식 및 과정 관리

1. 나는 조정이 ADR의 다른 방법과의 차이점과 조정의 핵심 원리를 잘 이해한다.
① (　　　) ② (　　　) ③ (　　　) ④ (　　　) ⑤ (　　　)

2. 나는 조정인이 지켜야 할 행동 윤리를 잘 이해한다.
① (　　　) ② (　　　) ③ (　　　) ④ (　　　) ⑤ (　　　)

3. 나는 조정의 진행 절차(개회, 정보수집, 문제해결, 종료)를 잘 이해한다.
① (　　　) ② (　　　) ③ (　　　) ④ (　　　) ⑤ (　　　)

4. 나는 조정의 법적 근거와 국내외 조정산업을 잘 이해한다.
① (　　　) ② (　　　) ③ (　　　) ④ (　　　) ⑤ (　　　)

5. 나는 조정의 소속에 따른 유형과 조정가 스타일 유형을 잘 이해한다.
① (   ) ② (   ) ③ (   ) ④ (   ) ⑤ (   )

6. 나는 갈등의 종류, 원인, 해결, 예방 방법에 대해 잘 이해한다.
① (   ) ② (   ) ③ (   ) ④ (   ) ⑤ (   )

7. 나는 정보소통 기술과 조정 회의 기술을 잘 이해한다.
① (   ) ② (   ) ③ (   ) ④ (   ) ⑤ (   )

II. 당사자 관계 관리

8. 나는 적극적 듣기, 재진술, 공감하기, 반응하기 등 의사소통과 비언어
   소통 스킬을 잘 이해하고 실행할 수 있다.
① (   ) ② (   ) ③ (   ) ④ (   ) ⑤ (   )

9. 나는 친화력, 자신감, 신뢰를 구축하는 방법을 이해하고 실행할 수 있
   다.
① (   ) ② (   ) ③ (   ) ④ (   ) ⑤ (   )

10. 나는 개방성, 예민함 등을 보이는 당사자들 잘 관리하는 방법을 안다.
① (   ) ② (   ) ③ (   ) ④ (   ) ⑤ (   )

11. 나는 안전과 신뢰 환경 조성과 쟁점복귀 관리를 잘 할 줄 안다.
① (   ) ② (   ) ③ (   ) ④ (   ) ⑤ (   )

12. 나는 개인적 판단, 가치, 믿음을 유보하고 중립성을 지킬 수 있다.
① (   ) ② (   ) ③ (   ) ④ (   ) ⑤ (   )

13. 나는 조정회의 전후와 진행 중에 당사자들에게 동등한 기회를 부여함

으로써 공정한 대우를 보여줄 수 있다.
① (   ) ② (   ) ③ (   ) ④ (   ) ⑤ (   )

14. 나는 공동 조정인(있는 경우), 당사자, 당사자의 대리인들(있는 경우)
   과 팀워크를 이루어 조정회의를 잘 할 수 있다.
① (   ) ② (   ) ③ (   ) ④ (   ) ⑤ (   )

III. 조정 내용 관리

15. 나는 사전 조정, 조정 자체, 사후 조정(있는 경우)를 포함하는 전 조정
   과정을 자신 있게 소집하고 관리할 수 있다.
① (   ) ② (   ) ③ (   ) ④ (   ) ⑤ (   )

16. 나는 협상의 필수 기법들(입장, 이해관계, BATNA, ZOPA, 기타 기법
   들)을 잘 이해한다.
① (   ) ② (   ) ③ (   ) ④ (   ) ⑤ (   )

17. 나는 정보를 수집, 분석하고 열린 질문을 사용하여 옵션 창출과 평가
   로 당사자들이 문제를 해결도록 지원할 수 있다.
① (   ) ② (   ) ③ (   ) ④ (   ) ⑤ (   )

18. 나는 조정의 합의안 조항을 작성하고 점검, 확인할 수 있다.
① (   ) ② (   ) ③ (   ) ④ (   ) ⑤ (   )

19. 나는 조정의 각 단계별 생산적으로 시간을 관리할 수 있다.
① (   ) ② (   ) ③ (   ) ④ (   ) ⑤ (   )

20. 나는 해양, 의료, 금융, 건설, 가족, 고용 등 부문별로 조정을 효과적
   으로 실시하는 지식을 획득할 의지가 있다.
① (   ) ② (   ) ③ (   ) ④ (   ) ⑤ (   )

총점 = (   )

[조정역량 평가]

총점	평가 해석
90 ~ 100	**조정 역량이 우수함** -조정이 어떤 것을 필요로 하며, 어떻게 진행해야할 지에 대해 상당한 지식을 보유하고 있음 -조정의 실전 능력 함양과 조정 경험의 분석 및 개선으로 유능한 조정가로 발전할 것으로 기대됨
80 ~ 89	**조정 역량이 양호함** -조정이 무엇이며, 어떤 것을 필요로 하는지에 대해 일정한 지식을 보유하며 발전 가능성이 충분히 있음 -조정의 실행과 대응 능력을 함양하고 실전경험을 쌓아서 전문 조정가로 발전할 것으로 기대됨
65 ~ 79	**조정 역량이 부족함** -조정이 무엇이며, 어떤 것을 필요로 하는지에 대해 초보적 지식을 보유하며 훈련으로 조정 역량을 개발할 수 있음 -조정의 기본지식과 스킬을 함양하고 실전 경험을 쌓아서 조정가의 경력을 시작할 것으로 기대됨
20 ~ 64	**조정 역량이 미약함** -조정이 무엇이며, 어떤 것을 필요로 하는지에 대해 상식적 수준의 지식을 보유하며 교육과 훈련으로 조정의 기본지식스킬을 증진할 수 있음 -조정의 원리를 배우고 기본지식과 스킬을 함양하여 조정 역량의 기초를 구축할 것으로 기대됨

부록 2. 조정인 모범행동표준(전문 번역)

The Model Standards of Conduct for Mediators
September 2005

미국중재협회
(2005년 9월 8일 인준)
미국변호사협회
(2005년 8월 9일 인준)
갈등해결협회
(2005년 8월 22일 인준)

조정인 모범행동표준은 1994년 미국중재협회, 미국변호사협회의 분쟁해결분과 및 갈등해결협회에 의해 준비되었다.[158] 동일한 기관의 대표들로 구성된 합동위원회가 2005년에 모범행동표준을 개정하였다. 1994년 초기 버전과 2005년 개정버전은 각 참가 기관에 의해 인준되었다.

서문

조정은 다양한 상황에서 광범위한 갈등을 해결하기 위해 사용된다. 이 표준은 모든 실제 상황에서 조정하는 사람들을 위한 기본 윤리 가이드라인으로 역할 하도록 만들어졌다. 이 표준은 다음의 3가지 목적을 제공한다: 조정인 행동을 가이드하기, 조정 당사자들에게 알려주기, 분쟁을 해결하는 과정으로서 조정에 대한 대중 신뢰 촉진하기.

조정은 중립적인 제3자가 소통과 협상을 촉진하고 분쟁 당사자들의 자발적 결정을 장려하는 과정이다.

조정은 쟁점을 정의하고 명확히 하고, 다른 관점을 이해하고, 이해관계를 식별하고, 가능한 해결을 개발, 평가하고, 요청이 있다면 상호 만족하는 합의에 도달하도록 당사자들에게 기회를 제공하는 것을 포함한 다양한 목적을 수행한다.

표준 수립에 대한 노트

이 표준은 전부 읽히고 설명되어야 한다. 표준이 나타나는 순서에 순위적 의미는 없다.

표준에서 사용되는 용어 "shall"은 조정인이 묘사된 실천을 따라야 한다는 것을 나타낸다. 용어 "should"는 표준에 묘사된 실천이 매우 바람직하지만 반드시 요구되는 것은 아니고 특별한 이유가 있는 경우에만 이탈될 수 있지만 신중한 판단과 분별을 요구하고 있음을 나타낸다.

용어 "조정인"은 포괄적이어서 공동조정인 모델에도 적용된다.

이 표준은 조정을 언급할 때 특별한 일시적 변수를 포함하는 것이 아니므로 조정의 정확한 시작과 종료를 정의하지 않는다.

이 표준에서 제시하는 사항을 포함한 조정의 여러 측면은 해당 법률, 법원 규칙, 규정, 기타 적용 가능한 직업 규칙, 당사자들이 합의한 조정 규칙, 그 외 당사자들의 합의사항에 의해 영향을 받을 수 있다. 이러한 요소들은 이 표준과 갈등을 유발할 수도 있고 이 표준보다 우선권이 부여될 수도 있다. 그러나 조정인은 그러한 갈등을 해결함에 있어서 이 표준의 정신과 취지를 지키려는 모든 노력을 해야 한다. 이 노력에는 이들 다른 요소들과 갈등하지 않는 모든 남은 표준을 존중해야 함이 포함된다.

법원이나 다른 규제당국에 의해 채택되지 않는 한 이 표준은 법적 강제력이 없다. 그럼에도 불구하고 이 표준이 각각 참여 단체에 의해 채택되었다는 사실은 이 표준이 조정인을 돌보는 표준으로 간주될 수 있다는 사실을 조정인들에게 상기시켜야 한다.

표준 I. 자기 결정

A. 조정인은 당사자 자기 결정의 원칙에 기초해서 조정을 수행해야 한다. 자기 결정은 각 당사자가 과정과 결과에 대해 자유롭고 정보에 기초한 선택을 하는 자발적이고 억압되지 않은 결정의 행동이다. 당사자들은 조정인 선택, 과정 디자인, 과정과 결과로부터 참여나 철수를 포함한 조정의 어떤 단계에서도 자기 결정을 행사할 수 있다.

1. 과정 디자인에 대한 당사자 자기 결정이 조정 실무의 기본적 원칙이지만 조정인은 이 표준에 부합한 양질의 과정을 수행할 조정인의 의무와 당사자 자기 결정의 균형을 이룰 필요가 있다.

2. 조정인은 각 당사자가 특별한 결정에 도달하기 위한 자유롭고 정보에 토대한 선택을 했다고 개인적으로 확신할 수는 없다. 그러나 필요하면 조정인은 당사자들이 정보에 토대한 선택을 하도록 돕는 다른 전문가에게 자문을 받아볼 필요성을 깨닫게 해야 한다.

B. 조정인은 높은 해결비율, 자존심, 수수료 증가, 또는 법원 인사처, 프로그램 행정가, 조정제공기관, 언론 등의 외부 압박과 같은 이유로 당사자 자기 결정을 손상해서는 안 된다.

표준 II. 공정성

A. 조정인은 공정하게 조정을 수행할 수 없다면 조정을 거절해야 한다. 공정성은 편애, 편견 또는 선입견으로부터 자유를 의미한다.

B. 조정인은 중립적인 태도로 조정을 수행해야 하고 편파적인 모습을 주
   는 행동을 피해야 한다.

   1. 조정인은 조정에서 어느 당사자의 개인적 특징, 배경, 가치, 믿음
또는 조정의 성과, 또는 다른 이유로도 편파적으로나 편견을 가진 태도로
행동해서는 아니 된다.

   2. 조정인은 조정인의 실질적 또는 인식적인 중립성에 대한 의문을 제
기하는 선물, 편애, 대출 또는 다른 가치의 항목을 주거나 받아서는 아니
된다.

   3. 조정인은 조정인의 실질적 또는 인식적인 공정성에 의문을 제기하
지 않는 한 조정을 촉진하거나 문화 규범을 존중하기 위해 제공되는 사소
한 선물, 우연한 물건이나 서비스를 받거나 줄 수 있다.

C. 어떤 경우에도 조정인이 공정한 태도로 조정을 할 수 없다면 조정인은
   조정에서 물러나야 한다.

기준 III. 이해 상충

A. 조정인은 조정 중이거나 이후에도 이해 상충이나 이해 상충의 가능성
   있는 상황을 피해야 한다. 이는 조정인이 분쟁의 주제에 관여하거나,
   조정인과 어떤 참가자 간의 과거 또는 현재나, 개인적 또는 직업적 관
   계로 인해 공정성에 의문이 제기될 수 있는 경우 발생할 수 있다.

B. 조정인은 합리적인 사람이 잠재적 또는 실제 이해 상충을 유발할 수
   있다고 판단할 수 있는 사실이 있는지 알아보기 위해 합리적인 조사를

해야 한다. 조사 방식은 조정의 맥락에 따라 다를 수 있다.

C. 조정인은 자신의 공정성에 대한 의문을 제기할 수 있는 모든 실제 또는 잠재적 이해 상충을 가능한 한 빨리 공개해야 하며, 당사자 모두가 이에 동의하면 조정을 계속할 수 있다.

D. 조정인은 조정을 수락한 이후에 이해 상충에 해당하는 사실을 알게 될 경우, 이를 가능한 한 빨리 공개해야 하며, 당사자들이 모두 동의하면 조정을 계속할 수 있다.

E. 조정인의 이해 상충이 조정의 공정성을 손상시킬 수 있다고 합리적으로 판단될 경우, 당사자가 원하더라도 조정인은 조정을 거절하거나 그만두어야 한다.

F. 조정 종료 후에도 조정인은 조정의 신뢰성에 의문을 제기할 수 있는 방식으로 참가자와 새로운 관계를 맺어서는 안 된다. 새로운 관계를 맺을 때는 조정 이후 경과 시간, 관계의 성격, 제공하는 서비스 등을 고려해 실제 또는 인식된 이해 상충이 발생할 수 있는지 판단해야 한다.

기준 IV. 역량

A. 조정인은 당사자의 합리적 기대를 충족시킬 수 있는 역량이 있을 때에만 조정을 수행해야 한다.
　　1. 당사자가 조정인의 역량과 자격에 만족하는 한 누구든 조정인으로

선택될 수 있다. 교육, 조정 경험, 기술, 문화적 이해 등은 조정 역량에 필요한 요소이다. 조정인으로 자처하는 사람은 자신이 효과적인 조정을 수행할 수 있다는 기대를 갖게 한다.

   2. 조정인은 조정과 관련된 지식과 기술을 유지하고 향상시키기 위해 교육 프로그램이나 관련 활동에 참여해야 한다.

   3. 조정인은 자신의 교육, 훈련, 경험 및 조정 접근 방식에 대한 정보를 당사자에게 제공할 수 있도록 준비해야 한다.

B. 조정인은 조정 도중 자신이 조정을 적절히 수행할 수 없다고 판단하면, 가능한 한 빨리 이를 당사자에게 알리고, 상황을 해결하기 위해 철회 또는 지원 요청 등의 적절한 조치를 취해야 한다.

C. 조정인의 조정 수행 능력이 약물, 알코올, 약물복용 등으로 손상되었을 경우, 조정을 수행해서는 안 된다.

기준 V. 비밀 유지

A. 조정인은 조정을 통해 얻은 모든 정보를 당사자의 동의 또는 법률에 따라 요구되는 경우를 제외하고는 비밀로 유지해야 한다.

   1. 당사자가 조정인이 정보를 공개하는 데 동의하는 경우, 조정인은 해당 정보를 공개할 수 있다.

   2.조정인은 조정에 참여하지 않은 사람에게 당사자의 조정 중 행동에 대해 알려서는 안 된다. 단, 당사자가 조정에 출석했는지, 합의에 도달했는지 여부는 보고할 수 있다.

   3. 조정인이 조정 교육, 연구 또는 평가에 참여하는 경우, 당사자의 익

명성을 보호하고, 비밀 유지에 대한 당사자의 합리적 기대를 존중해야
한다.

B. 조정인이 개인별 비공개 회의에서 얻은 정보를 그 사람의 동의 없이
다른 사람에게 직접 또는 간접적으로 전달해서는 안 된다.

C. 조정인은 조정 과정에서 당사자가 어떤 정보를 비밀로 유지할지에 대
해 이해할 수 있도록 해야 한다.

D. 조정 상황에 따라 당사자는 조정인이 언급해야 하는 비밀 유지에 대해
서로 다른 기대를 가질 수 있다. 당사자는 비밀 유지에 대해 자신의
규칙을 만들 수도 있고 아니면 개인 조정인이나 기관의 인정된 실무가
특별한 기대를 줄 수도 있다.

기준 VI. 프로세스의 질

A. 조정인은 이 표준에 따라 성실하게, 신속하게, 안전하게, 적절한 참가
자와 함께, 당사자 참여와 절차적 공정성을 보장하면서, 상호 존중하는
방식으로 조정을 수행해야 한다.
  1. 조정인은 효과적인 조정을 위해 충분한 주의를 기울일 수 있을 때에
만 조정을 수락해야 한다.
  2. 조정인은 조정의 시기와 관련하여 당사자의 합리적 기대를 충족시
킬 수 있을 때에만 사건을 수락해야 한다.
  3. 조정 참가자의 출석 여부는 당사자와 조정인의 합의에 따른다. 특정
회의나 전체 회의에서 특정 인물의 배제를 합의할 수도 있다.

4. 조정인은 모든 참가자 간의 정직성과 솔직함을 촉진해야 하며, 조정 중 중요한 사실이나 상황을 의도적으로 잘못 전달해서는 안 된다.

5. 조정인의 역할은 다른 전문 직업과 본질적으로 다르므로, 조정인은 역할의 차이를 명확히 해야 한다.

6. 조정인은 조정 이외의 분쟁해결 절차를 수행해서는 안 되며 조정으로 명명하여 조정 관련 규칙, 법률 또는 정부 당국의 보호를 받으려 해서도 안 된다.

7. 조정인은 적절한 경우 당사자에게 조정 이외의 방식(중재, 상담, 중립 평가 등)을 고려하도록 권할 수 있다.

8. 조정인은 당사자의 동의 없이는 동일 사건에서 다른 분쟁 해결 역할을 맡아서는 안 되며, 조정 과정이 바뀔 경우 그 영향을 설명하고 동의를 얻어야 한다.

9. 조정이 범죄 행위를 돕는 수단으로 사용되는 경우, 조정인은 조정을 연기하거나 중단하거나 종료해야 한다.

10. 당사자가 프로세스나 이슈, 합의안을 이해하거나 참여에 어려움을 겪는 경우, 조정인은 그 상황을 탐색하고 필요한 조정이나 지원을 제공해야 한다.

B. 조정인은 가정폭력이나 학대 사실을 인지한 경우, 필요한 조치를 포함하여 조정을 연기, 중단하거나 종료해야 한다.

C. 조정인은 자신과 당사자들의 행동이 행동표준에 일치하는 조정을 위태롭게 한다고 믿으면 조정의 연기, 철회 또는 종료 등 적절한 조치를 취해야 한다.

기준 VII. 홍보 및 권유

A. 조정인은 자신의 자격, 경험, 서비스 및 수수료를 홍보하거나, 권유하
   거나 또는 달리 소통할 때 진실하고 오해의 소지가 없어야 한다.
   1. 조정인은 명함, 편지지, 온라인 커뮤니케이션 등에서 결과에 대한
보장을 해서는 안 된다.
   2. 조정인은 정부 기관 또는 민간단체의 조정 자격 기준을 충족한다고
주장할 경우, 그 단체가 공인된 절차를 통해 자격을 부여하는 경우에만
가능하다.

B. 조정인은 특정 당사자에게 편파적이라는 인상을 주거나 조정의 성실성
   을 해칠 수 있는 방식으로 권유 활동을 해서는 안 된다.

C. 조정인은 당사자의 허락 없이 조정 참가자의 이름을 홍보 자료나 기타
   소통 방법으로 다른 사람에게 말해서는 아니 된다.

기준 VIII. 수수료 및 기타 비용

A. 조정인은 조정 수수료, 비용 및 기타 발생 가능한 요금에 대한 정확하
   고 완전한 정보를 각 당사자나 그 대리인에게 제공해야 한다.
   1. 수수료는 사건의 유형과 복잡성, 조정인의 자격, 시간 소요, 조정
서비스의 통상적 요율 등 모든 관련 요소를 고려하여 산정되어야 한다.
   2. 수수료 관련 합의는 문서로 작성되어야 하며, 당사자가 원할 경우에
는 예외가 될 수 있다.

B. 조정인은 공정성을 해칠 수 있는 방식으로 수수료를 청구해서는 안
   된다.
   1. 조정 결과나 합의 금액에 따라 수수료가 결정되는 계약을 체결해서
는 안 된다.
   2. 당사자별 수수료 차별은 가능하나, 조정인의 공정성에 나쁜 영향을
주는 수수료 책정을 해서는 안 된다.

기준 IX. 조정 실무의 개선

A. 조정인은 조정 실무를 개선하는 태도로 행동해야 한다. 다음과 같은
   활동에 참여하여 이 표준을 홍보한다.
   1. 조정 분야 내 다양성 촉진
   2. 이용자 접근성 제고를 위한 할인 또는 무료 서비스 제공
   3. 피드백 수집 등 연구 참여
   4. 대중을 위한 조정 교육 및 인식 제고 활동
   5. 신규 조정인 교육, 멘토링, 네트워킹 지원

B. 조정인은 조정 분야의 다양한 관점을 존중하고, 다른 조정인으로부터
   배우며, 다른 조정인과 공동으로 실무를 향상시키고 분쟁 당사자에게
   더 나은 서비스를 제공하도록 노력해야 한다.

주석

제1장 갈등관리의 이해

1) Ury, Brett & Goldberg, 2015.
2) McCorkle and Reese(2010), 31; Lewicki, et al은 경쟁적 협상과 협력적 협상 대신 분배적 교섭(distributive bargaining)과 통합적 협상(integrative negotiation)이라는 용어를 사용하고 있다. Lewicki, Litterer, Winton, & Saunders(1994), 17, 48, 80.
3) Ury, Brett & Goldberg, 전게서.
4) McCorkle and Reese는 제3자 개인에 의한 갈등해결 방식을 힘, 권리, 이해관계에 기초한 개입이라는 용어로 표현하고 있다. McCorkle and Reese, 전게서, 197-199.
5) Thomas and Kilmann (1974), p.6. 또한 Bauer and Erdogan (2010), Chapter 9: Conflict and Negotiations, Robbins and Judge (2010), pp.215-216에서도 이 유형의 설명을 참조할 수 있다.
6) 상황에 따른 유형의 효과성은 Thomas and Kilmann (1977)과 "THOMAS-KILMANN CONFLICT MODE QUESTIONNAIRE", http://www.scphca.org/media/82502/6_javitch_-_conflict_handling_questionnaire_thomas-killmann.pdf 참조.
7) Ford and Barnes-Slater(2006), 1-4, Brandon and Robertson (2007), 19-20.
8) Slaikeu and Hasson(1998), 3-16, Brandon and Robertson, 전게서, 19-20.
9) 원창희(2012), 139-149.
10) I-BANK는 신한은행의 문화활동으로서 인터넷 서비스를 통해 은행내외의 주요 뉴스 및 경영현안에 대한 내용을 실시간으로 제공하고 직원의 소리(신문고) 게시판을 통해 직원들의 다양한 목소리를 전달하는 채널을 말한다. 원창희, 전게서, 134.

제2장 대안적 분쟁해결(ADR)의 이해

11) Miller and Sarat(1980)의 정의를 인용한 Patterson and Seabolt(2001), 4와 원창희(2005), 11 참조할 수 있다.
12) 원창희, 전게서 12.
13) Patterson and Seabolt, 전게서, 1.
14) 상게서, 1.
15) 상게서, 1
16) Wahrhaftig(1986), 49.
17) Patterson and Seabolt, 전게서, 2.
18) Murray, Rau and Sherman(1990).
19) 1990년대 미국변호사협회(ABA)가 3000명을 대상으로 실시한 설문조

사에서 2/3가 소득수준이 저소득이거나 중하인데 이들 중 1/3은 법적
지원이 도움이 되지 않거나 비용이 너무 많이 든다고 응답했으며 또한
20%는 문제를 최소화하거나 문제를 확대시키지 않으려 한다고 응답했
다. Patterson and Seabolt, 전게서, 6.
20) 상게서, 8-9.
21) 각 ADR 방법에 대한 설명은 Patterson and Seabolt, 전게서,
    pp.10-12, Kovac(2000), pp.6-16, Frey(2003), 118-329를 참조하였
    다.
22) Patterson and Seabolt, 전게서, 12.
23) 상게서, 11.
24) 상게서, 17.
25) 상게서, 12. Kovac, 전게서, 10.
26) Kovac, 전게서, 11; Frey, 전게서, 12; Patterson and Seabolt, 전게
    서, 159-161.
27) Patterson and Seabolt, 전게서, 12; Kovac, 전게서, 12-13.
28) Patterson and Seabolt, 전게서, 11; Doyle(2000), 10-11.
29) Patterson and Seabolt, 전게서, 12; Kovac, 전게서, 8-9.
30) Kovac, 전게서, 9.
31) 상게서, 20.
32) Patterson and Seabolt, 전게서, 17-18.
33) 상게서, 21.
34) 상게서, 21-22.
35) 상게서, 29.
36) 상게서, 29.
37) 상게서, 29.
38) 상게서, 30.
39) 상게서, 30.
40) Kovac, 전게서, 29-30.
41) 수소법원조정이란 소송을 처음 받은 법원인 수소법원(受訴法院)이 직
    접 조정을 하는 것을 말한다.
42) 안갑준(2012).
43) 사법형, 행정형, 민간형 조정의 구분과 설명은 원창희(2016), 207-222
    를 참고할 수 있다.

제3장 조정의 개념과 원리

44) Michelle and Dewhirst(1990), 13.
45) Moore(2003), 8.
46) Roger and McEwen(1994), 1.
47) Standing Committee on Dispute Resolution(1989).
48) Bush and Folger(1994), 2.
49) Frenkel & Stark (2012), 2-4.
50) Kovac(2000), 25-26.
51) 상게서, 25-26.
52) 상게서, 25.
53) 미국의 조정 역사에 대한 내용은 Kovac, 전게서, 26-28을 참고하였
    다.
54) 공정성·중립성, 자기결정, 정보에 기초한 합의는 Moffitt and

Schneider(2014), §4.3에서 발췌하였고 비밀유지는 §5.1에서 발췌하였다.
55) 비밀유지는 Moffitt and Schneider(2014)에서는 기본원리로 들어가지 않으나 다른 문헌에서는 포함되기도 한다.

제4장 조정의 유형과 절차

56) Moffitt and Schneider(2014), 85.
57) Riskin(1996), 35; Moffitt& Schneider(2014), 87-89 참조.
58) Kovac(2000), 30-31.
59) 상게서, 31.
60) Bush and Folger(2010), 24-25; Frenkel and Stark(2012), 71,

제5장 조정의 기초 스킬

61) Rogers, Carl and Richard Farson(1957).
62) Wikipedia, "Active Listening."
63) Gordon(1977); Lewicki, et al.(1994), 195; Federal Mediation and Conciliation Service(1997b), SB2-5,
64) Federal Mediation and Conciliation Service(1997b), SB2-5-SB2-6,
65) DeVito, J. A. (2000), 26-28.
66) 스티븐 코비는 5수준을 공감적 경청(sympathetic listening)으로 표현하면서 '이해하려는 의도를 가지고 경청하는 것'을 말한다고 정의하였다. 스티븐 코비(2003) '공감적 경청' 참조.
67) Federal Mediation and Conciliation Service(1997a), IB3-3.

제6장 조정의 핵심 기법

68) Kovac(2000), 106-109.
69) 상게서, 110-115.
70) 상게서, 115-120.
71) 상게서,137-144.
72) Fisher, Ury and Patton(1991), 41.
73) Moore(2003), 252-263.
74) Frenkel and Stark(2012), 190-191.
75) 상게서,192-193.
76) 코커스는 사전적 의미는 전당대회, 위원회, 간부회의 등을 지칭하는데 미국의 정당에서 선거 입후보자나 당의 정책을 결정하는 간부회의를 의미하는 용어이다. 조정에서는 조정인이 전체회의에 대비되는 한 쪽 당사자와의 분리회의에 사용되고 있다. separate caucus로 표현하기도 한다. D 사전, "Caucus"; Wikipedia, "Caucus"; 위키백과, "코커스."
77) Kovac, 전게서, 164.
78) 상게서, 165.
79) Sunoo(1999), 72.
80) Kovac, 전게서, 142-144.
81) 옵션(option)과 대안(alternative)이 교차적으로 사용되는 경우가 많은

데 여기서는 옵션을 사용하고자 한다. 옵션은 선택 가능한 여러 가지 중 하나의 선택지를 지칭하는 반면 대안은 뭔가를 대신할 수 있는 선택 지이므로 당사자들이 문제해결을 위한 여러 가지 선택지를 개발하는 의미가 포함되어 있어서 옵션이라는 용어가 더 적절하다. 챗GPT, "option과 alternative의 차이."
82) Kovac, 전게서, 167-168, 176-177.
83) Sunoo, 전게서, 62-67.

제7장 조정의 장애와 난국 타개

84) Frenkel & Stark(2012), 39-61, 276-280.
85) 상게서, 39.
86) 상게서, 41.
87) 상게서, 49.
88) 상게서, 60.
89) 상게서 60-61.
90) Kovac, 전게서, 166-167.

제8장 합의서 작성, 종료 및 사후 관리

91) Kovac(2000), 234.
92) 상게서, 236.
93) 상게서, 237-239.
94) 상게서, 239.
95) Moffitt and Schneider(2014), 154.
96) Moore(2003), 359.
97) 상게서, 360.
98) 상게서, 361.
99) 상게서, 364.
100) 상게서, 363.
101) Moffitt and Schneider, 전게서, 154.
102) 상게서, 364.
103) Kovac, 전게서, 265.
104) 상게서, 267.
105) 상게서, 268.
106) 상게서, 269.

제9장 조정인의 행동 윤리와 자격

107) Kovac(2000), p.273.
108) 상게서, 273-274.
109) 상게서, 274.
110) 상게서, 274.
111) 상게서, 275.
112) 상게서, 277.
113) 상게서, 279.
114) Model Standards of Conduct를 행동규범, 행위규범, 모범행동표준, 모범행동기준, 행동표준모델 등 여러 가지로 번역할 수 있는데 네

이버, 다음, 구글에서 제시하는 번역에 따라 '모범행동표준'으로 번역하
고 '행동표준'이라 약칭한다.
115) 조정인모범행동표준의   전문은 Moffitt and Schneider(2014),
    299-306 참조하고 American Arbitration Association에서 영어 전문
    을 다운받을 수 있다.
    https://www.adr.org/sites/default/files/document_repository/AA
    A-Mediators-Model-Standards-of-Conduct-10-14-2010.pdf
116) 조정인모범행동표준의 전문을 한글로 번역한 문서는 부록 2에 수록되
    어 있다.
117) Moffitt & Schneider, 전게서, 99.
118) 상게서, 100.
119) 상게서, 101.
120) 상게서, 101.
121) 상게서, 102-103.
122) Kovac, 전게서, 302.
123) 상게서, 303.
124) 상게서, 303.
125) 상게서, 303.
126) 상게서, 304.
127) 1994년에 제정한 플로리다 규칙의 명칭은 Florida Rules for
    Certified and Court-Appointed Mediators이며 1장 조정인 자격, 2
    장 직업행동표준, 3장 징계로 구성되어 있다. 이 중 2장 직업행동표준
    은 사례 9.1에 번역되어 있다. 그 원문은 Kovac(2000), 310-315 참조.
128) 예를 들어 한국협상경영원에서 실시하는 조정가1급 자격과정은 80시
    간의 교육과 필기, 실기 시험에 합격할 경우 조정가1급 자격이 수여된
    다. 한국조정중재협회에서는 90시간 교육을 이수하고 시험에 합격하면
    협상전문가1급자격증을 수여하고 있다. 그 외 한국갈등해결센터, 한국
    갈등관리조정연구소 등에서 조정전문가 민간자격증을 발급하고 있다.

제10장 한국과 미국의 조정제도 비교

129) 수소법원(受訴法院)이란 특정 사건의 판결 절차가 현재 계속되고 있
    거나 과거에 계속되었거나 앞으로 계속될 법원을 말하며 판결 절차 이
    외에 증거 보전, 가압류, 가처분 따위에 관한 직무를 행한다. 국어사전
    "수소법원(受訴法院)."
130) 가사소송법상 나류 가사소송사건: 사실상 혼인관계 존부 확인, 혼인
    의 취소, 이혼의 취소, 재판상 이혼 등.
    다류 가사소송사건: 약혼 해제 부당 파기, 혼인이나 입양의 무효·취소,
    이혼이나 파양 등으로 인한 손해배상청구 등.
    마류 가사비송사건: 부부의 동거, 부양, 생활비용의 부담 처분, 공유재
    산 분할 처분, 자녀 양육 처분, 면접교섭권 처분, 친권자 지정, 상속재
    산 분할 처분 등
    국가법령정보센터, "가사소송법," 제2조.
131) 법원통계월보에서 가사사건 통계를 이용하여 조정성공률을 산출하였다.

132) 특별법에 의해 민간단체에서 해결하는 조정제도를 행정행 조정제도로
분류하고 있으나 행정기관이나 그 산하단체에서 민간분쟁을 해결하는
것만 행정형 조정제도로 분류하고 어떤 법에 의해서든 민간단체에 의해
개인간 분쟁을 조정하는 것은 민간형으로 분류한다. 최옥환(2010), p.55
참조.
133) 대한상사중재원(2012).
134) 대한상사중재원 웹사이트 알선 소개,
https://www.kcab.or.kr/revision/revision_mediation.do
135) 한국갈등학회의 학술지, 한국갈등학회보 자료제공을 참고할 수 있다.
http://www.conflictstudies.or.kr/bbs/board.php?bo_table=journal
136) Kovac(2000), 29.
137) 상게서, 29.
138) 상게서, 29-30.
139) Frey(2003), 182.
140) 상게서, 182.
141) 상게서, 183.
142) Kovac, 전게서, 27-28.
143) 윤광재, 박태형(2004), 215-216.
144) Patterson & Seabolt(2001), 98-99.
145) 상게서, 99-101.
146) Frey, 전게서, 147.
147) 상게서, 147-151.
148) 상게서 148.
149) 구두증거배제의 법칙(또는 외부증거배제의 법칙, parol evidence
rule)이란 계약 당사자 간 협상을 끝내고 서면 계약서에 서명을 한 때
에는 그동안 당사자 간의 구두 또는 서면으로 협상한 내용이 완전히 수
렴하여 흡수 통합된 것으로 보는 것을 말한다. 그래서 당사자 간에 최
종적으로 완성된 계약이 존재하는 경우 당해 계약성립 이전에 당사자가
행한 합의 또는 구두증거는 당해 계약내용을 변경, 추가 또는 부정하기
위한 증거로서 채택될 수 없다는 원칙을 말한다. 서명 이전의 구두 또
는 서면으로 협상한 내용을 바탕으로 서명된 계약내용에 반하는 주장을
인정하지 않는다는 내용이다. 위키백과, "구두증거배제의 법칙."
150) Frey, 전게서, 154-155.
151) Kovac, 전게서, 28.
152) 미국중재협회의 웹사이트 참조. https://www.adr.org/
153) Kovac, 전게서, 29.
154) 사적중재조정서비스의 웹사이트 참조. https://www.jamsadr.com/
155) Patterson & Seabolt, 전게서, 267-268.
156) Wissler(2004); Judicial Council of California(2004);
Stienstra(2011).
157) Singapore International Mediation Institute, "The SIMI
Competency Framework for Mediators,"을 참고하여 새로운 자가진
단 양식을 창출하였다.
158) 갈등해결협회(ACR)는 가족조정가아카데미, 갈등해결교육네트워크 및
분쟁해결전문가모임(SPIDR)의 통합 조직이다. SPIDR은 1994년 표준
개발에 참여한 세 번째 조직이다.

참고문헌

국가법령정보센터, "가사소송법," 제2조.
국어사전, "수소법원(受訴法院)."
대한상사중재원(2012), "조정규칙," 2012.2.28. 제정.
법원통계월보(2024), "조정담당판사 및 조정위원회 조정," 2024.12
스티븐 코비(2003), **성공하는 사람들의 7가지 습관**, 김경섭 역, 김영사.
안갑준(2012), "협회內 '조정중재센터'의 설립과 운영방안," **법무사**, 2012년 10월호, 26-30.
원창희(2005), **노동분쟁의 조정: 이론과 실제**, 법문사.
원창희(2012), **갈등관리의 이해**, 한국문화사.
원창희(2016), **협상 조정의 이해**, 한국문화사.
윤광재, 박태형(2004), **주요제국의 행정제도 동향조사: 미국의 연방정부조직(The Federal Government Organizations of the U.S.A.)**, 한국행정연구원.
위키백과, "구두증거배제의 법칙."
위키백과, "코커스."
잰 선우(Jan Sunoo)(1999), **미국 연방조정알선청 분쟁조정 기법**, 원창희 번역, 한국노동교육원.
챗GPT, "option과 alternative의 차이."
최옥환(2010), **민간형 조정의 활성화 방안에 관한 연구: 민사조정을 중심으로**, 중앙대학교 박사학위 논문.
콘텐츠분쟁조정위원회(2014), **2014 콘텐츠 분쟁조정 사례집**.
D 사전, "Caucus."

대한상사중재원 알선 소개 웹사이트, https://www.kcab.or.kr/revision/revision_mediation.do
미국중재협회 웹사이트, https://www.adr.org/

사적중재조정서비스 웹사이트, https://www.jamsadr.com/
한국갈등학회의 학술지 웹사이트,
　http://www.conflictstudies.or.kr/bbs/board.php?bo_table=jou
　rnal

Boulding, Kenneth E.(1963), *Conflict and Defense: A General Theory*, New York: Harper & Row.

Brandon, Mieke and Leigh Robertson(2007), *Conflict and Dispute Resolution: A Guide for Practice*, South Melbourne, Australia: Oxford University Press.

Bush, Robert A. and Joseph P. Folger(1994), *The Promise of Mediation: Responding to Conflict through Empowerment Recognition*.

DeVito, J. A. (2000), *The Elements of Public Speaking*, 7th ed., New York, NY: Longman.

Doyle Margaret(2000), *Advising on ADR: The essential guide to appropriate dispute resolution*, London: Advice Services Alliance.

Federal Mediation and Conciliation Service(1997a), *Interest -Based Bargaining Program, Instructor Handbook*. Washington, DC.

Federal Mediation and Conciliation Service(1997b), *Skills Building Modules, Instructor Handbook*. Washington, DC.

Federal Mediation and Conciliation Service(1999), *Dispute Mediation Techniques, Training Book,* Washington, DC.

Fisher, Roger, William Ury, and Bruce Patton(1991), *Getting to Yes*, New York, NY: Penguin Books.

Ford, John and Cynthia Barnes-Slater(2006), "Measuring Conflict: Both The Hidden Costs and the Benefits of Conflict Management Interventions," <https://mediate.com/measuring-conflict-both-the-hidden-c

osts-and-the-benefits-of-conflict-management-interventions
/>, accessed April 14, 2025.

Frenkel, Douglas N. and James H. Stark(2012), *The Practice of Mediation: Video-Integrated Text*, New York, NY: Wolters Kluwer.

Frey, Martin A. (2003), *Alternative Methods of Dispute Resolution*, Canada: Delmar Learning.

Gordon, Thomas(1977), *Leader Effective Training*, New York: Wyden Books.

Hocker, Joice L. and William W. Wilmot(1995), *Interpersonal Conflict*, 4th ed.

Judicial Council of California(2004), "Evaluation of the Early Mediation Pilot Programs."

Kovac, Kimberlee K.(2000), *Mediation*, 2nd ed., West Group.

Kovac, Kimberlee K.(2005), "Mediation," in Michael L. Moffitt and Robert C. Bordone (Eds.), *The Handbook of Dispute Resolution*, San Francisco, CA: Jossey-Bass, 304-17.

Lewicki, Roy J., Joseph A. Litterer, John W. Winton, and David M. Saunders(1994), *Negotiation*, 2nd ed., Burr Ridge, Ill.: Irwin.

McCorkle, Suzanne and Melanie J. Reese(2010), *Personal Conflict Management: Theory and Practice*, Boston, MA: Allyn & Bacon.

Mitchelle, Roberta S. and Scot E. Dewhirst(1990), *The Mediator Handbook*, The Center for Dispute Resolution, Capital University Law and Graduate Center.

Miller and Sarat(1980), "Grievance, Claims, and Disputes: Assessing the Adversary Culture," *Law and Society Review*, 15, 525-526.

Moffitt, Michael L. and Andrea Kupfer Schneider(2014), *Dispute Resolution: Examples and Explanations*, 3rd ed.,

New York, NY: Wolters Kluwer.

Moore, Christopher W. (2003), *The Mediation Process: Practical Strategies for Resolving Conflict*, 3rd ed., San Francisco, CA: Jossey-Bass.

Murray, J., A. Rau and E. Sherman(1990), *Process of Dispute Resolution- The Roles of the Lawyers, Notes for Teachers*, I-13.

Patterson, Susan and Grant Seabolt(2001), *Essentials of Alternative Dispute Resolution*, 2nd ed., Dallas, Texas: Pearson Publications Company.

Riskin, Leonard(1996), "Understanding Mediator's Orientations, Strategies, and Techniques: A Grid for the Perplexed," *Harvard Negotiation L. Review*, No.7.

Roger, Nancy H. and Craig A. McEwen(1994), *Mediation: Law, Policy, Practice*.

Rogers, Carl and Richard Farson(1957). *Active Listening*, IL: University of Chicago Press.

Singapore International Mediation Institute, "The SIMI Competency Framework for Mediators."
https://www.simi.org.sg/What-We-Offer/Mediators/The-SIMI -Competency-Framework-for-Mediators

Slaikeu, K. A. and R. H. Hasson (1998), *Controlling the Costs of Conflict*, San Francisco, California: Jossey-Bass Publishers.

Standing Committee on Dispute Resolution(1989), *Alternative Dispute Resolution: An ADR Premier*, 3rd ed.

Stienstra, D.(2011). *Alternative Dispute Resolution: An Overview of Federal Court ADR Programs*, Federal Judicial Center.

Sunoo, Jan(1999), *Dispute Mediation Techniques*, Federal Mediation and Conciliation Service.

Thomas, Kenneth W. and Ralph H. Kilmann (1974), *Thomas-Kilmann Conflict Mode Intrument*, Consulting Psychologists Press, Inc.

Ury, W., J. M. Brett, and S. B. Goldberg(2015), "Three Approached to Resolving Disputes: Interests, Rights, and Power," *Negotiation Reading, Exercises and Cases*, 7th ed., Lewicki, Barry, and Saunders, (eds.), New York, NY: McGraw-Hill. 1-13.

Wahrhaftig, Paul(1986), *Non-professional Conflict Resolution in Mediation: Contexts and Challenge*, Joseph E. Polenski and Harold M. Launer, eds.

Wikipedia, "Active Listening."

Wikipedia, "Caucus."

Wissler, R. L.(2004), "The Effectiveness of Court-Connected Dispute Resolution in Civil Cases," *Conflict Resolution Quarterly*, 22(1-2), 55-88.

▎찾아보기 ▎

¹⁾

(ㄱ)

가사비송사건　　　159
가사사건의 조정성공률 161
가사소송법　　　159
가사소송사건　　　159
가사조정　　　38, 148
가사조정법령　　　173
가사조정제도　　　159
가사조정훈련프로그램 148
가정법원　　　148, 159
가정법원 조정인　　　148
가정폭력사건　　　53
가족이혼조정모범실무표준 137
가족이혼조정실행표준 137
가족조정인학회　　　137
가치 차이　　　117
갈등　　　4
갈등 예방　　　20, 21
갈등 예방 스킬　　　20
갈등 직접비용　　　19
갈등(葛藤, conflict) 3
갈등관리　　　3
갈등관리유형　　　12, 14, 15
갈등의 간접비용　　　19
갈등해결　　　3, 6
갈등해결 순서　　　8
갈등해결 체계　　　10
갈등해결의 접근방법 8, 9
갈등해결협회(Association for
　　Conflict Resolution) 139, 176

감정이입(empathy)　86
감정표출(ventilation) 70, 97
강제 조정　　　160
강제적 공공 중재　47
개방형 질문　　　70
개방형 질문　　　98
개인 갈등　　　20
개회 발언　　　95
개회 진술　　　96
건설분쟁조정위원회 164
경영참여　　　21
경쟁적 협상　　　11
경쟁적 협상 전략　112
경쟁형(competing) 13, 15
경청스킬　　　97
계약　　　57
계약 취소　　　128
계약 위반　　　127
계약적 면제　　　145
고충　　　23
고충처리　　　21
고통스러운 순서　9
공감　　　82
공공갈등　　　168
공정성(impartiality) 50, 51, 138,
　　　　　　　　　　　　　140
관계개발 프로그램 171
관계개선　　　74
관계구축　　　48
관심을 보이기　　　86

교섭　　　　　　　　　71
구두증거배제 법칙(Parol
　　Evidence Rule) 175
구조적 보증(structural
　　assurance)　　　127
구조적 장애　　　111, 119
국가의 권익위원회　25
국제분쟁해결센터(ICDR) 175
국제상공회의소　　174
권력　　　　　　　　7
권리(rights)　　　6, 7
권리에 기초한 협상　10
권리의 원천　　　　8
균일조정법(Uniform Mediation
　　Act)　　　　　145
그라운드 룰(ground rule) 80
금융분쟁조정　　　164
금융분쟁조정위원회　164
기각 명령　　　　　129
기본 규칙　　　　80, 95
기업의 고충위원회　25
기초역량개발　　1, 43, 91,
　　　　　　　　　134
긴장 완화　　　　80, 121

(ㄴ)
난국 타개 기법　　112
내용 파악　　　　　87
노동관계위원회　　172
노동분쟁　　　　　49
노동위원회　　　　149
노동쟁의조정　　　164
노동조정법령　　　172

노사 간 단체교섭　172
노사협력　　　　　171

(ㄷ)
다중문(multi-door) 개념 36
다중문 법원 제도　35
다중문 센터　　　　36
당사자 개시 발언　70
당사자 직접 제안　109
당사자 진술　　　　96
대안적 분쟁해결　22
대안적 분쟁해결법　171
대체분쟁해결클리닉 62
대학 소청위원회　　25
대한상사중재원　167, 179
도덕적 분쟁해결　48
도덕적 성장(moral growth) 63
독단성(assertiveness) 12
돌봄 의무　　　145, 146
동료평가(peer evaluation)　29

(ㄹ)
라운드로빈(round-robin)식　89
로스커 파운드(Roscoe Pound)
　　학장　　　　　35

(ㅁ)
말을 요약하기　　88
메시지 내용-정보, 의견, 감정
　　　　　　　　　87
메시지 전달　　　108
면접 과정　　　　173
면접교섭권　　　　159

명확히 하기　　　88
몸짓 언어(body language)　85
문제해결　　　102
문제해결 협상　　　8
문제해결식 옵션 개발 107
문제해결식 접근　　　112
문제해결식 조정방법 58
문화적 장애　　　111, 117, 118
미국 사법체계　　　23
미국 원주민 화해　　49
미국변호사협회(ABA)의 분쟁해결
　　　위원회　　　36
미국변호사협회(American Bar
　　　Association)　　137, 139, 176
미국의 민간형 조정제도 173
미국의 사법형 조정제도 170
미국의 행정형 조정제도 171
미국중재조정(USA&M) 174
미국중재협회(American Arbitration
　　　Association) 23, 139, 173, 175
민간 ADR기구　　　159, 175
민간 및 공공조정인의 표준　136
민간 조정전문가　　　180
민간형 ADR　　　38, 39
민간형 조정제도　　152, 166,
　　　　　　　　168, 179, 180
민사개혁법(Civil Justice Reform
Act)　　　170
민사사건의 조정성공률 158
민사소송법　　　152
민사조정　　　38
민사조정법　　　152, 153, 178
민사조정제도　　　152

(ㅂ)
반대할만한 포인트 110
반복과 재해석　　　87
반응하기(Responding) 82, 85
배상 합의(agreement on
　　　indemnification) 128
법률적 조정　　　61
법원부속형 조정(court-annexed
　　　mediation)　　37, 154
법원연계 ADR　　　172
법원연계형　　　47, 149
법원연계형 분쟁해결프로그램 24
법원연계형 조정(court-connected
　　　mediation)　　37, 154, 159
법원연계형 조정기구 180
법원연계형 프로그램 148
법원의 명령　　　126
법원재판 31
법원조정센터　　　153, 154
법원지원 조정(court-sponsored
　　　mediation)　　　170
법적 계약　　　127
법적 전문성　　　61
법조인의 조정 참여 182
변형식 조정　　　63, 66, 67, 74
변호사법　　　180
변호사의 윤리규정 137
변호사조정인 가이드라인 137
보통법(common law) 49
보호명령　　　57
부대조건　　　124
부분적 합의　　　121, 124

부산법원조정센터　153
분리회의(caucus)　63, 71, 95, 99, 102, 103, 108, 109, 121
분쟁(紛爭, dispute) 22
분쟁해결　23
분쟁해결센터　136, 179
분쟁해결센터(Dispute Resolution Center) 23, 35, 169, 175, 176
분쟁해결전문가협회(Society of Professionals in Dispute Resolution, SPIDR) 136, 139
불공정거래행위 분쟁조정 164
브레인스토밍(Brainstorming) 89
비경쟁조항(no-competition clause)　58
비공식 과정　46
비밀보장의 제약　119
비밀유지 55, 56, 57, 138, 141
비법적 분쟁해결방법 49
비소송 사건　125

(ㅅ)
사건 담당 판사　171
사례관리계획(case management plan)　170
사법적 감독(judicial supervision)　127, 128
사법중재조정서비스(Judicial Arbitration and Mediation Services, JAMS) 176
사법형 ADR　38
사법형 조정제도　151, 152, 179
사실조사(Fact Finding, FF) 30

사적 과실 책임(private liability for malpractice) 144
사적 당사자 결정　26
사적 재판(Private Judging, PJ)　30
사적 제3자 결정　26
사적 조정(private mediation)　173, 179
사적 조정 기구　173
사적 조정제도　168
사전 준비　69
사전재판과정　36
사회적 긴장 완화　175
사회적 행동규범　11
사후 관리　123, 132
상대 당사자 대표　109
상대방과 관계성　17
상대방 이해하기　86
상대방 존중하기　87
상대방 패러다임　83
상사중재　167
상호 인식 개선　74
서면 계약　128
서면 제안　110
서면 합의　125
서울법원조정센터　37, 153, 155
서울중앙지방법원　37
성실한 약속　132
성실한 참여(good faith participation) 94
성희롱 사건　131
소극적 듣기(passive listening)　82

소비자분쟁조정　165
소비자분쟁조정위원회 165
소송 사건　　　　 125
소송의 계속　　　 125
소송의 기각　　　 125
소송의 종결　　　 125
소재판(mini-trial)　28
소통 장애　　　　 117
손실 보상　　　　 127
수소법원　　　 154, 178
수소법원조정　　 37, 153
수수료　　　　　 141
수신하기(Receiving) 82
수용가능한 제안　 102
수용형(accomodating) 13, 16
순회법원　　　　 148
순회법원 조정　　 148
순회법원조정훈련프로그램 49
스티븐 코비(Stephen R. Covey)
　　　　　　　　 83
승자독식(winner-take-all)　23
시민권법령　　　 172
실제 편중성(actual bias) 51
심리적 장애　　 111, 114, 115

(ㅇ)
아브라함 링컨 대통령 23
아이스 브레이킹(ice-breaking)
　　　　　　　　 79
아젠다 설정　　 71, 103
아젠다(agenda)　 104
알선　　　　　　 167
알선(conciliation)　27

알선적 접근방법　 48
약속에 대한 약속(a promise for
　 a promise)　 175
약식배심재판(Summary Jury
　 Trial, SJT)　 29
양육비　　　　　 159
양해각서　　　　 132
역량　　　　　　 140
연방조정알선청(Federal
　 Mediation and Conciliation
　 Service, FMCS) 49, 171
연방지방법원　　 170
열린 광장　　　　 21
온건해결회의(moderated
　 settlement conference) 29
옴부즈(Ombuds)　 28
옵션 개발　　　　 107
옵션 선택　　　　 108
옵션 창출　　　　 71
옵션 평가　　　　 107
왕복외교(shuttle diplomacy)
　　　　　　　 62, 74
'왜'라는 질문　　 101
외적 중립성　　　 51
우선순위(priority)　101
위임(empowerment) 63, 74
위증죄　　　　　 57
윈윈(win-win)　 13, 73
윈윈협상　　　　 168
유머 사용　　　　 121
유자격 면책(qualified immunity)
　　　　　　　　 144
유형별 조정 절차　72

윤리적 표준			136
의사소통 촉진		62
의사일정			103
이웃사법센터(Neighborhood Justice
	Centers, NJC) 35, 168, 169, 176
이해 상충(conflict of interest)
			51, 140, 145
이해관계(interest) 6, 8, 62, 73,
			98, 100
이해관계 상충		138
이해관계 식별		70, 101
이해관계에 기초한 조정 8
이해관계에 기초한 협상 8, 10
이해하기(Understanding) 82
이행 명령			175
인간관계			3
인과관계			146
인민조정위원회		48
인식(recognition) 74
인식 왜곡			116
인정 및 법원지정 조정인 직업행동
	표준			138
인정(recognition) 63
인지된 방해		4
인지된 편중성		51
인지적 장애		111, 116, 117
입장(position)		73
입장교섭			71

(ㅈ)
자기결정(self-determination)
		52, 63, 138, 139
자녀양육권			173

자문적 결정		26
자발조정인 윤리강령 137
자신의 패러다임		83
자유토론식			89
자율적 해결		10
자율집행 합의		125
작업장 분쟁해결		171
장애요인 극복		33
재진술(Restatement) 81
재정(award)		30
재판관 관할권		128
재판상 이혼 절차	160
재판상 화해		160
쟁점 식별(issue identification)
			99
적극적 듣기 4단계 82
적극적 듣기(active listening)
			81
전국분쟁해결연구소 176
전국조정위원회		171
전국지역조정인협회 174
전략적 장애		111, 112, 113
전문가 양성		159
절차적 규칙		173
정보 은폐			112
정보공유			21
정보수집			70, 97, 98
정보에 기초한 합의 54
정보에 기초한 합의(informed
	consent)		53
정상적 돌봄 표준(normal
	standard of care) 145
제3자 개입		11

제3자 해결　　　　　　10
제안 개발　　　　　　108
제안의 속도 조절　　　110
조기조정 절차　　　　155
조기조정(Early Mediation)　37
조기조정제도　　　37, 154, 178
조기중립평가(Early Neutral
　　Evaluation, ENE) 29, 31
조정 계약서　　　　　145
조정 기일　　　　　　174
조정 시장　　　　　　180
조정 요청　　　　　　167
조정 이혼 절차　　　　161
조정 전문성　　　　　179
조정 통계　　　　　　157
조정 합의　　　　　　126
조정 합의 합병　　　　126
조정(mediation)　　12, 27, 31
조정과정　　　　　　　94
조정관　　　　　　　　49
조정담당판사 조정　　154
조정성립률　　　　157, 178
조정신청건수　　　　　153
조정실무 개선　　　　142
조정실무 품질　　　　147
조정실무표준　　　　　138
조정에 갈음하는 결정 154
조정위원회　　　　　　154
조정으로 복귀　　　　132
조정을 갈음하는 결정 157, 160
조정의 3가지 유형 73
조정의 5가지 특징 46
조정의 개념　　　　　45

조정의 규칙　　　　　173
조정의 기본 원리　50
조정의 기초 스킬　79
조정의 목적　　　　　46
조정의 성공　　　　　147
조정의 실무　　　　　147
조정의 자발성, 공정성 153
조정의 자율성　　　　153
조정의 전문성　　　　147
조정의 절차　　　　　68
조정의 정의　　　　45, 46
조정의 종료　　　　　131
조정의 질적 관리　179
조정의 질적 수준　135
조정의 질적 통제　146, 149
조정의 표준　　　　　135
조정인　46, 48, 50, 51, 56
조정인 교육　　　　　147
조정인 리스트　　　　174
조정인 면책　　　　　144
조정인 면허위원회 148
조정인 소개　　　70, 93
조정인 역량 평가　147
조정인 역할　　54, 112, 138
조정인 윤리　　　　　136
조정인 윤리강령　135, 137
조정인 자격　　　146, 147,
　　　　　　　　148, 149
조정인 전문성　　　　180
조정인 지원자 선발 147
조정인 직업행동강령 136
조정인 패널　　　　　170
조정인 표준　　　　　137

조정인 행동　135
조정인 행동강령　149
조정인모범행동표준(Model Standards of Conduct for Mediators)　139
조정인 과실 행동　146
조정인 역할　95
조정인직업행동강령　137
조정전치주의　159
조정절차　94
조정절차 표준화　147
조정제도　37
조정중재인　175
조정회의　94
조직 갈등　20
종결　72
종료 의식　131
죄수의 딜레마(Prisoners' Dilemma)　112
주고받기 식(give and take)　71
주권　7
주법원　170
준사법적 면책(quasi-judicial immunity)　144
중국조정위원회　48
중립성(neutrality)　50, 138
중립적 전문가　122
중립적 제3자　173
중립적 언어　98
중앙노동위원회　164
중재(Arbitration)　30
중재법　167, 179
중재인　47
증거의 제외　57

증거적 규칙　173
지역공동체 재판(community justice)　48
지역공동체센터　148
지역사회 건강성　181
지역사법센터(community justice center)　62
직감적(hunch) 질문　102
직업자문 제공　138
직업행동윤리표준　137
직업행동표준규칙(Model Rules of Professional Conduct)　137
집단소송　129

(ㅊ)
참가자 소개　94
창조적 문제해결 과정(creative problem solving process)　107
창조적 해결옵션　62
철도노동법(Railway Labor Act)　171
청구권(claim)　22
촉진식 조정　62, 67, 73
촉진식 조정인　62
촉진식-광의　64
촉진식-협의　64
최적의 대안　73
최종 판정　128
최종 합의의 불명확성　123
추정적 조정의 규칙(Rule of Presumptive Mediation)　33

(ㅋ)

카운티법원　　　148
커뮤니케이션　　　88
코커스(caucus)　　102
콘피게레(configere) 3
콜로라도 분쟁해결센터 136
콜로라도 조정인의회 136

(ㅌ)
타협형　　　15
타협형(compromising) 13
토마스-킬만　　　12
통합적 교섭　　　106
퇴임판사프로그램(rent-a-judge
　　program)　　　30
투쟁 상태　　　4
특권　　　57
특별한 실행　　　128

(ㅍ)
파운드 컨퍼런스(Pound Conference)
　　　35, 169, 177
판결　　　11
판단의 편견　　　116
평가식 조정　　　60, 73
평가식 조정인　　　61
평가식, 촉진식, 변형식 조정의 비교
　　　66
평가식-광의　　　64
평가식-촉진식 조정의 관계모형
　　　65
평가식-협의　　　64
평가하기(Evaluating) 82
프라이브시　　　55, 56

프로세스의 질　　　141
플로리다 조정인 직업행동표준
　　　142

(ㅎ)
한국공정거래조정원 164
한국의 조정제도　　　151
합동회의　　　63, 103, 109
합의　　　71
합의 내용　　　124
합의 등록　　　128
합의 약속　　　124
합의 이행　　　125
합의 조항　　　128
합의 형태　　　125
합의가능영역(ZOPA) 111
합의서　　　124
합의서 서명　　　131
합의서 작성　　　123
합의안　　　123
합의의 이행 가능성 127, 174
합의준수 가능성　　　131
항소법원　　　170
행동표준의 제정　　　147
행정적 또는 입법적 행동 129
행정형 ADR　　　38, 39
행정형 조정　　　179
행정형 조정제도　　　152, 162
현실 검증(reality testing) 71
현장방문　　　21
협력성(cooperativeness) 12
협력적 협상　　　8, 11
협력형(collaborating) 13, 15

협상(negotiation) 27
협상적 해결 129
형사조정 38
홍보 및 권유 141
홍보, 수수료 139
화해(peacemaking) 48
화해권고결정 153
화해절차 152
화해조서 152
환경분쟁조정 163
환경분쟁조정위원회 163
회피(avoidance) 5
회피형(avoiding) 13, 16
효과적인(effective) 순서 9
힘(power) 6
힘에 기초한 협상 10

(5)
5가지의 장애유형 111

(A)
ADR 22, 25, 26,
  31, 151, 177, 179, 181
ADR 사용 147, 169
ADR 운동 24, 34, 50
ADR 프로그램 170
ADR 활용 34
ADR에 대한 평가 33
Alternative Dispute Resolution
  22

(B)

BATNA 120

(C)
Carl Rogers 81
CPR분쟁해결연구소(CPR Institute
  for Dispute Resolution) 173, 176

(F)
Frenkel & Stark 112, 120

(K)
Kovac 69, 112, 120

(P)
Pound Conference 24

(R)
RAND 연구소 170
Richard Farson 81
Riskin's Grid 모형 64
Roscoe Pound 169

(S)
Sanders 교수 24

(T)
Thomas Gordon 81

(W)
WATNA 120

(Z)
Zero sum 편향 116

저자 원창희 프로필

[학력]
고려대학교 경영대학 경영학학사
고려대학교 대학원 경제학석사
미국 오하이오주립대(The Ohio State University) 경제학박사

[경력]
한국노동교육원 교육본부장, 교수
숭실대 노사관계대학원 겸임교수
아주대학교 경영대학원 겸임교수
단국대학교 경영대학원 협상론 강사
한국기술교육대학교 테크노인력개발전문대학원 협상조정론 강사
한국노동경제학회 / 한국노사관계학회 부회장, 이사
서울지방노동위원회 / 경기지방노동위원회 공익위원
국회 환경노동위원회 전문위원
The 9th Asia Pacific Mediation Forum(APMF) Conference 준비위원장
한국코치협회 인증코치
한국조정중재협회 부회장
한국갈등조정가협회 회장
미국 연방조정알선청 명예조정관(현)
서울중앙지방법원 / 서울가정법원 조정위원(현)
고려대학교 노동문제연구소 연구교수(현)
한국협상경영원 대표/원장(현)

[저서]
노사간 신뢰구축의 길(나남출판사, 2004, 공저)
노동분쟁의 조정: 이론과 실제(법문사, 2005)
사례로 배우는 대안적 분쟁해결: 협상조정중재(이지북스, 2009)
갈등관리의 이해(한국문화사, 2012)
직장인 행복서(인더비즈, 2014)
협상조정의 이해(한국문화사, 2016)
갈등코칭과 협상코칭(한국문화사, 2019)
조직갈등해결의 실무와 사례(한국협상경영원, 2023, 공저)
노동갈등해결의 실무와 사례(한국협상경영원, 2024, 공저)
한국의 위대한 협상가(한국협상경영원, 2024, 공저)
성공하는 협상의 10가지 핵심역량(개정판)(한국협상경영원, 2024)
사례로 보는 협상과 갈등해결(한국협상경영원, 2025, 공저)

성공하는 조정의 10가지 핵심 요소
조정인 역량 강화의 최고 전문서!

1판1쇄 발행 2025년 6월 20일

지 은 이 원창희
펴 낸 이 원창희
펴 낸 곳 한국협상경영원
기획홍보 조윤근
편   집 최 숙
등   록 2020년 5월 11일
주   소 서울특별시 서초구 서초대로46길 99, 4196호(현빌딩)
전   화 02-6223-7001
팩   스 050-4186-4540
이 메 일 k-nego@daum.net
홈페이지 www.k-nego.com

책값은 뒤표지에 있습니다.

ISBN 979-11-979913-6-3

이 도서의 국립중앙도서관 출판도서목록은 서지정보유통지원시스템
홈페이지(http://seoji.nl.go.kr)와 국가자료공동목록시스템(http://www.nl.go.kr/kolisnet)에서
이용하실 수 있습니다.(ISBN 979-11-979913-6-3으로 검색)

바코드로 검색 가능